AF742560

Eterno optimista bursátil

Y EN OTROS TEMAS (AUN) MÁS IMPORTANTES

CARLOS PONCE B.

Eterno optimista bursátil

Y EN OTROS TEMAS (AUN) MÁS IMPORTANTES

LID

MADRID | CIUDAD DE MÉXICO | BUENOS AIRES | BOGOTÁ
LONDRES | SHANGHÁI

Colección Acción Empresarial

LID Editorial Mexicana S. A. de C. V.
Homero 109, 1404, Colonia Chapultepec Morales
México, Ciudad de México, 11570
Tel. +52 (55) 5255-4883
mexico@lidbusinessmedia.com – LIDeditorial.com – LIDlibros.com

A member of:

BPR

businesspublishersroundtable.com

ISBN libro impreso: 978-607-26812-9-3
ISBN *e-book*: 978-607-26988-0-2
Editora de la colección: Claudia Herrán Monedero
Corrección de estilo y de pruebas: Valentina Gatti
Diseño de portada: Edgar A. Reyes
Diseño de interiores: Francisco Masse

Primera edición: mayo de 2025

DEDICATORIA

Para Judy (así le decía siempre mi papá a mi mamá), la persona más fuerte, valiente y optimista. Su cariño y ejemplo lo han sido todo.

ÍNDICE

PARTE 2.
OPTIMISMO INTEGRAL

PARTE 3.
INTELIGENCIA ARTIFICIAL: LA TERCERA ES LA VENCIDA

PARTE 4.
EL CONOCIMIENTO ES PODER... SOLO SI LO EJECUTAMOS

PRÓLOGO

Quisiera empezar por agradecer y reconocer a Carlos Ponce como un guerrero incansable en el tema de crear cultura y educación financiera en nuestro país.

En un mundo donde la incertidumbre financiera y los ciclos de mercado pueden sembrar dudas y miedos, *Eterno optimista bursátil* emerge como una guía esencial para todos aquellos que desean entender los aspectos de la inversión bursátil con confianza y claridad. Carlos, autor y promotor incansable de la educación financiera en México, ha dedicado gran parte de su carrera a empoderar a las personas, permitiéndoles tomar decisiones informadas que fortalezcan su estabilidad económica y bienestar a largo plazo. A través de sus libros, ha logrado fomentar una cultura de inversión sólida y bien informada, demostrándonos que la educación financiera no es solo un conjunto de conocimientos técnicos, sino una herramienta vital para navegar los altibajos del mercado con seguridad y optimismo. Con su enfoque accesible y ameno, nuevamente logra inspirarnos a confiar en el proceso, a mantenernos firmes ante la adversidad y a entender que, con una buena educación financiera, el éxito y la creación de patrimonios sólidos están al alcance de todos.

Leer *Eterno optimista bursátil* es una experiencia fundamental para quienes desean no solo fortalecer su educación financiera, sino también cultivar una perspectiva informada y segura sobre la inversión bursátil. En esta obra, el autor nos ofrece mucho más que conocimientos técnicos y metodologías de inversión; nos brinda una guía emocional y psicológica para enfrentar los altibajos inevitables del mercado. A través de reflexiones profundas, argumentos sólidos, datos estadísticos y, lo más importante, experiencias reales, nos recuerda que la confianza y la preparación mental son tan cruciales como la técnica.

En un país donde la educación financiera sigue siendo un desafío, este libro se convierte en una herramienta indispensable para quienes buscan evitar decisiones precipitadas y aprovechar plenamente las oportunidades del mercado para crear y mantener patrimonios sólidos a largo plazo. A diferencia de sus libros anteriores, *Eterno optimista bursátil* tiene un objetivo aún más ambicioso: construir una visión optimista, pero fundamentada, de los mercados bursátiles. Carlos nos enseña que la preparación técnica y la resiliencia emocional van de la mano, y ambas son esenciales para tomar decisiones de inversión acertadas y sostenibles. Él nos invita a confiar en el proceso, a mantenernos firmes ante la adversidad y a ver la inversión no solo como una ciencia, sino también como un arte de perseverancia y fe en el futuro. Carlos nos lleva de la mano a través de las lecciones aprendidas durante la baja del mercado en 2022, una época en la que muchos inversionistas, enfrentados por primera vez a un ciclo de baja, estuvieron a punto de abandonar sus inversiones por miedo. Fue gracias a las reuniones, conferencias y asesorías, llenas de estadísticas y ejemplos claros, que muchos lograron mantener su confianza y, más tarde, agradecer las decisiones tomadas en esos momentos críticos.

El libro está estructurado en cuatro partes, cada una diseñada para abordar aspectos clave de la inversión con un enfoque accesible. En la primera, «Optimismo de sobra», se busca generar confianza en los lectores a través de indicadores, estadísticas y sentido común sobre la inversión en Bolsa. La segunda parte, «Optimismo integral», recopila notas publicadas por el autor en los últimos años y profundiza en los verdaderos motivos detrás de la construcción patrimonial, destacando la importancia de la estabilidad económica y el balance de vida. La tercera parte, «Inteligencia artificial: la tercera es la vencida», analiza cómo la IA está transformando el mercado bursátil, reflexionando sobre las olas de innovación y tecnología y cómo aprovecharlas para invertir con éxito. Finalmente, la cuarta y última, «El conocimiento es poder... solo si lo ejecutamos», reflexiona sobre la dificultad de tomar decisiones informadas, destacando la importancia de la disciplina y el análisis de procesos emocionales.

El ciclo de baja de 2022 no solo fue una prueba para los inversionistas, sino también un recordatorio de la importancia de la comunicación clara y accesible en el mundo financiero. Carlos nos muestra nuevamente que la inversión en Bolsa no debe ser vista como un terreno exclusivo para especialistas, sino como una oportunidad para todos aquellos dispuestos a aprender y mantener una perspectiva optimista y fundamentada.

Por último, aquí encontrarán no solo información valiosa y estrategias comprobadas, sino también una fuente de inspiración para convertirse en inversionistas seguros y exitosos. Reitero: la educación financiera en México aún tiene un largo camino por recorrer, pero con guías como esta, cada vez estamos más cerca de una cultura de inversión más sólida y confiada. Agradezco a Carlos por poner este libro a nuestra disposición, brindándonos una valiosa herramienta de conocimiento, confianza y, sobre todo, optimismo.

Héctor Madero Rivero
Presidente de Corporación Actinver

PRESENTACIÓN

Cuando se habla de invertir en acciones, generalmente existe una idea de riesgo, de aventura o inestabilidad. Sin duda, esos elementos pueden ser parte de ello, si se llevan a cabo sin un conocimiento previo. Uno de los grandes retos que tenemos hoy en día al estar expuestos a gran cantidad de información, medios y velocidad, es tomar decisiones precipitadas, por aceptar recomendaciones rápidas o por un deseo de participar en los mercados de los que tanto se escucha.

Conocimos a Carlos Ponce en 2020, pocos meses después de empezar la pandemia. El mundo financiero estaba colapsado y como familia queríamos explorar las posibilidades y oportunidades que existieran. Conformamos una estrategia en acciones y empezamos a recorrer el camino bursátil con él. Pasaron meses excelentes, pero, como sucede en todas las inversiones a largo plazo en que se presentan altas y bajas, llegó el terrible 2022. Las posiciones empezaron a sufrir caídas importantes: entramos a números rojos. Guerra, inflación, alza de tasas, las secuelas económicas de la ola pandémica, así como los temas geopolíticos crearon un ciclo complicado en las finanzas globales.

Fue aquí, en esta etapa de gran inestabilidad, que la información, preparación y estrategia de Carlos nos llevaron a pasar la tormenta. Justo en los momentos más preocupantes, cuando lo más fácil hubiera sido vender y salir corriendo, él nos dio las herramientas para mantener la calma y sobrellevar la crisis.

A través de este libro, Carlos nos enseña principios importantes para ser un inversionista en Bolsa. De una manera clara y con lenguaje sencillo, nos explica conceptos como que el tiempo es nuestro gran aliado; que no existe el momento perfecto para entrar, pero sí la capacidad de mantener y enriquecer las estrategias; que al comprar acciones nos convertimos en socios directos de las empresas a las que nos subimos al barco y por eso debemos conocerlas a fondo. Nos presenta varias ideas relevantes que, bien entendidas e implementadas, nos permiten tener, con el paso del tiempo, resultados favorables para la creación y crecimiento de patrimonios óptimos.

En este texto, aprendemos que para ser participantes del mercado bursátil no tenemos que ser especialistas o dedicarnos cien por ciento a ello. Debemos tener bases sólidas y características que, una vez comprendidas, no solo nos ayudarán a ser buenos empresarios en Bolsa, sino también a prosperar en todos los niveles y aspectos de la vida.

En nuestro país, se tiene muchas veces una noción confusa sobre los mercados accionarios. Existe el miedo a lo desconocido, a perder, como si uno se jugara en la ruleta los ahorros que tanto esfuerzo nos han costado, existiendo por ello una aversión a todo lo que tenga que ver con el tema. A través de este libro, Carlos nos enseña a no temer, a saber qué hacer y a encontrar el «cómo sí».

Junto con Carlos, vivimos una de las tantas crisis financieras que han sucedido a lo largo de la historia. Sí, en su momento sus palabras podían sonar demasiado «buenas» para ser verdad ante un panorama negro hacia adelante, pero, con sus conocimientos y entrega, nos transmitió lo que necesitábamos para seguir y crecer.

¡Gracias, Carlos!, por tu enseñanza y tu dedicación en este mundo bursátil tan acelerado. Gracias por ser parte de nuestro desarrollo y por acompañarnos en el camino para convertirnos todos en... ¡eternos optimistas!

Ing. Enrique Sánchez Aldunate
Presidente del Consejo NGM

Isabel Alonso Alonso
Director SANFO Family Office

Desde hace 18 años, comencé a ser alumna de Carlos (sin él saberlo) a través de la lectura de su obra *La fórmula: inversiones en la Bolsa.* Libro tras libro, yo era una fiel seguidora y me sorprendía en muchas ocasiones diciéndome a mí misma «tenemos una visión y un sueño muy similares».

Hace poco más de seis años, asistí a una conferencia para la presentación del Fondo SNX en las oficinas de Actinver en Ciudad de México. Al entrar a la sala quedé en *shock* al darme cuenta de que escasamente seríamos 20 personas, por lo que vería en persona, por primera vez y de cerca, a Carlos.

Al final de la reunión, me atreví a acercarme y lo invité a participar en mi Programa de Educación Financiera que transmitía por Youtube. ¡Y él aceptó!

En aquel programa, ambos nos dimos cuenta de que teníamos la misma visión y sueño sobre la educación financiera para nuestro país. Compartimos que las personas realmente pueden cambiar su vida con conocimiento y que pueden acceder a las empresas más importantes del mundo, no solamente siendo sus consumidores, sino también sus dueños e inversionistas, así como crear un patrimonio sostenible a largo plazo, siempre que tengan la emocionalidad y la psicología correctas.

Los únicos obstáculos que impiden a las personas tomar en sus manos esta posibilidad y convertirla en una realidad son la ignorancia financiera y un sentimiento de inadecuación personal para las inversiones en la Bolsa. No obstante, con el libro que usted tiene ahora en sus manos, le aseguro que puede encontrar la solución para ambos problemas.

Los seres humanos sentimos miedo a lo que no conocemos, a lo que no entendemos y a lo que no podemos controlar. Cuando estamos frente a situaciones que nos dan miedo, las evitamos, pues nos provocan una sensación de falta de autoestima y de capacidad personal para poderlas enfrentar: ¡sentimos que no podemos! En este caso en concreto, la falta de autoestima como inversionista en Bolsa.

¡No deje que esto le suceda! A través de las cuatro partes en que está dividida esta obra, usted podrá tener todo lo que necesita: datos estadísticos y la teoría que le permitirán conocer y obtener confianza; historias de la vida real que le ayudarán a sentirse acompañado y saber que no es el único que ha transitado por los mercados a la alza y a la baja que representa esta maravillosa oportunidad de ser dueño de las mejores empresas del mundo; tendrá herramientas reales que le servirán para seguir aprovechando opciones de inversión presentes y futuras, como la inteligencia artificial, y contará con la mano amiga de un experto y extraordinario maestro como Carlos, que lo único que desea es que a usted y a su familia les vaya bien en todos los aspectos de su vida.

Agradezco que Carlos sea un «eterno optimista», que nos enseñe con un lenguaje tan cercano, honesto y ameno, y me uno a él en el sentido y propósito de que con la educación financiera podremos ayudar a miles y millones de personas a mejorar su vida y sus finanzas y, en consecuencia, llenaremos ese hueco educativo para que juntos transformemos para bien a nuestro país con abundancia plena.

¡Seamos eternos optimistas y dueños de las mejores empresas del mundo! ¡Eso es invertir en Bolsa!

Beatriz Mancilla Urrea
Fundadora y directora de Impulsa tu riqueza

INTRODUCCIONES

Si quieres conocer a una persona,
no le preguntes lo que piensa sino lo que ama.

San Agustín

Tenía varias ideas sobre cómo iniciar. No pude decidirme por una, así que opté por compartir distintas reflexiones y hablar de «introducciones» y no solo de una «introducción». Finalmente, hacer cosas diferentes ha sido la esencia siempre de nuestras empresas SNX, Diferen3 y de nuestro aliado Actinver.

OFREZCO CONVERTIRLO EN UN ETERNO OPTIMISTA

Este libro ofrece optimismo. Es una perspectiva positiva y esperanzadora del futuro, de sí mismo y del mundo que lo rodea. Es una parte importante de la resistencia o resiliencia, la fortaleza interior que nos ayuda a atravesar momentos difíciles. Por definición, nos ayuda a ver, sentir y pensar en forma positiva.

Mi objetivo es construir en usted un nivel de confianza muy alto en su condición de empresario en Bolsa que le permitirá sobrellevar de mejor manera cualquier momento de «debilidad» que pueda experimentar como participante del mercado y que pudiera impedir objetivos patrimoniales para usted y su familia como consecuencia de una decisión equivocada motivada por dudas y miedos.

Sí, las metodologías de inversión, los conceptos, los modelos de valuación, los precios objetivos y muchos otros elementos son importantes en nuestra formación como participantes en este mercado. Sin embargo, durante los últimos ciclos del mercado (alzas y bajas), lo que pudimos observar y entender una vez más es que todo este conocimiento es poco útil sin la confianza y el optimismo necesario para ejecutarlos.

Los modelos, estrategias, valuaciones y conceptos los escribí en otros libros. Como autor, necesito ofrecer valor permanente, encontrar y comunicar nuevos temas complementarios que a usted le resulten útiles en su desarrollo como empresario en Bolsa. Y esto sucede justo ahora cuando busco en usted un eterno optimismo.

Si aún no es empresario en Bolsa, este libro también es para usted, pues le dará la evidencia necesaria para saber por qué los grandes creadores del patrimonio del mundo alcanzaron esa condición gracias a la inversión en el mercado accionario. No existe ninguna otra alternativa que haya contribuido más a la creación de patrimonios que la inversión bursátil.

En una de las reuniones que tuve con socios de nuestro Fondo SNX durante el ciclo de baja del mercado accionario de EUA en 2022, en el que yo insistía de nueva cuenta en la oportunidad que volvía a presentar el mercado accionario para ser dueño de varias empresas, ya fuera comprando más acciones o evitando venderlas, don Enrique Sánchez me dijo: «Carlos, eres un eterno optimista». La reunión terminó y me sentí satisfecho, agradecido y contento de que don Enrique y su familia hubieran confiado en mi exposición (el tiempo demostró haber tomado una muy buena decisión). Sin embargo, aquel calificativo que tuvo para mí don Enrique resultó muy importante. Su descripción me agradó.

En algún otro momento, hubiera pensado que ser calificado como «eterno optimista», sobre todo en el plano profesional y en un momento complicado, sería sinónimo de poco realista, ignorante, imprudente o absurdo. Sin embargo, con toda la pasión, entusiasmo y tiempo que le he dedicado a mi profesión, me doy cuenta de que es justo en eso en lo que me he convertido, en un eterno optimista. No solo como estratega y asesor, sino como inversionista (empresario en Bolsa).

Hoy, más que nunca, duermo tranquilo sabiendo que soy dueño de un grupo de empresas extraordinarias y de gran valor en nuestro Fondo SNX, y que en poco o nada me afectará una mala sesión, una mala semana, un mes complicado o un ciclo entero de baja. Mi horizonte de inversión es a mayor plazo y mis prioridades van más allá de solamente tener dinero.

Para llegar a esta condición, tuvieron que transcurrir muchos años de análisis, de investigación, de experiencia y entendimiento. La única y mejor manera en que puedo ayudar a construir en otros esta muy importante condición como inversionista es compartiendo esa información, análisis y resultados que me han convertido en un eterno optimista.

LOS LIBROS QUE ME GUSTAN

Leer ha representado para mí algo más que un hábito. Realmente me emociona tener acceso a los conocimientos y experiencias que los autores comparten. No siempre coincido con sus puntos de vista al confrontarlos con mis propias experiencias, pero esas diferencias y el análisis al que me obligan resultan también muy importantes. Mi gusto por la lectura apareció tarde. Debo confesar que por muchos años leí por obligación. Textos de diferentes materias de la universidad para acreditar exámenes y libros que me regalaba mi papá sin que yo realmente conectara con ellos enmarcaban mi desinterés.

En mi primer año como analista bursátil, acudí a un curso de Análisis Técnico. El expositor, Manuel Gómez Palestino, un especialista muy reconocido en aquellos años (con el tiempo nos hicimos buenos amigos), nos recomendó un libro titulado *Technical analysis of stock trend*, de Robert D. Edwards y John Magee. Tiene casi 500 páginas, aún lo conservo, pero no pude terminar de leerlo. Como muchos, en mis primeros años como inversionista, pensaba que la clave del éxito en las inversiones estaba relacionada con la búsqueda del momento ideal, con «adivinar» el siguiente movimiento en el precio de las acciones.

El análisis técnico parte de dos principios: 1) todos los eventos en el contexto de un mercado (locales, internacionales, económicos, sociales, políticos, etc.) están expresados en el comportamiento del precio de una acción; y 2) los participantes del mercado somos individuos que tenemos como característica ser sumamente predecibles. Esto significa que solemos actuar de manera muy similar ante estímulos parecidos.

En el mercado accionario esto implica el desarrollo de patrones repetitivos en el movimiento de los precios, y el análisis técnico busca identificarlos y aprovecharlos. ¡Suena estupendo! Pero con el tiempo entendí que es imposible anticipar cualquier movimiento en los precios a corto plazo y que intentar participar con este enfoque es un error. No obstante, reconozco algunas herramientas del análisis técnico como útiles y complementarias, no tanto en un sentido predictivo, sino reactivo (promedios móviles).

El punto es que aquel libro me resultó sumamente técnico (valga la redundancia). Era para gente ya especializada en el tema y, cuando intentaba implementar su teoría, los resultados no eran lo que esperaba o lo que se supone debería suceder (las acciones no subían o bajaban independientemente de las formaciones que tenían).

Tiempo después, uno de mis primeros mentores (nunca me ha gustado la palabra «jefe»), José Juan Álvarez Baragaña, director de Análisis Bursátil y Financiamiento Corporativo de GBM Grupo Bursátil Mexicano en los años ochenta, me recomendó y obsequió uno titulado *One up on Wall Street*, de Peter Lynch, un muy exitoso analista y estratega que fue manejador del Fondo Magallan en Fidelity Investment, con el que consiguió entre los años 1977 y 1990 una rentabilidad promedio anual de 29.2%, más que el doble de las ganancias en el mismo periodo del índice S&P 500 (EUA), convirtiéndolo en el fondo más rentable del mundo.

El libro me atrapó desde su inicio. Sentía como si Peter Lynch me hablara directamente. Además de ser muy accesible en su redacción, es sumamente ameno, divertido y transmite, como ya dije, mucha empatía. Sin duda, ha sido el más importante en mi desarrollo profesional, no solo por todo lo que enseña sobre la inversión bursátil, sino porque me hizo ver lo importante de comunicarse con más asertividad en todo momento.

Desde entonces, busco libros con los que pueda "platicar", que me conecten, que sienta que puedo comenzar a utilizar lo aprendido de inmediato y que, cuando menos me doy cuenta, platico y transmito lo que más me gustó con otras personas. Me gustan también aquellos con capítulos no muy largos que introduzcan y concluyan sin muchos rodeos la información que busco o necesito.

Intento escribir con ese mismo espíritu. Como autor, me imagino que estoy hablando con usted (de la misma manera que lo hago en estas líneas). Pienso en el libro que no terminé, el que no me atrapó, con el que no sentí empatía, del que no pude poner su contenido en práctica de inmediato y en el que tardé demasiado en encontrar lo que buscaba. No quiero que eso suceda con quien me da la oportunidad de escuchar (leer). No voy a decepcionarlo, así que aquí vamos con otro relacionado con la inversión bursátil, con la oportunidad que representa ser empresario en Bolsa, pero con un enfoque diferente a los anteriores que he escrito.

EL MOTIVO ES UN MUNDO EN CAMBIO PERMANENTE

Todos los libros que he escrito buscan promover una mejor cultura y educación financiera en México. Sin embargo, cada uno nació por distintos motivos y en diferentes circunstancias. Como ya dije, en algunos casos fue para compartir conceptos y metodologías exitosas al invertir en el mercado accionario (*La fórmula: inversiones en Bolsa; Estudiar, trabajar y ahorrar no es suficiente*); otro fue para invitar a los adultos a abrir cuentas de inversión a los niños desde una edad temprana (*La Bolsa de Valores es para los niños*); en otros, documentar contextos de oportunidad en medio de lo que parecían grandes crisis (*El riesgo es no invertir en Bolsa; Vacuna patrimonial* y *9 mitos de la educación financiera en México*). Uno más atendió a la necesidad de tener un texto que fuera la base de la cátedra de Inversión Patrimonial que imparto en la Universidad Nacional Autónoma de México desde hace más de 15 años (*Además, soy empresario en Bolsa*).

Pero el que usted tiene ahora nace en una época de recuperación y grandes perspectivas, en lo que considero son las primeras etapas de un nuevo ciclo de alza que podría durar varios años. Está terminando el primer trimestre de 2024 (escribo estas líneas el 1 de abril de 2024), y el índice S&P 500 de EUA ha tenido 22 niveles récord de alza desde que inició el año después de dos años de recuperación de un ciclo de baja que duró poco más de un año entre 2021 y 2022.

El ciclo de baja bursátil se originó en gran medida por una fuerte alza en las tasas de interés que el Banco Central de EUA (y de todo el mundo) decidió para tratar de contener una inflación alta (alcanzó poco más de 9% a mediados de año de 2022). Previo a este ciclo, EUA y el mundo se vieron amenazados por una recesión a consecuencia de la pandemia de 2020 (COVID-19) en donde el encierro al que obligó la precaución por contagio generó una fuerte disminución en la actividad económica mundial.

Muchas empresas tuvieron que cerrar y el desempleo creció de manera importante. EUA estimuló su economía bajando impuestos, dando dinero a empresas y a desempleados y llevando las tasas de referencia a niveles de cero (0.00%), buscando de esta manera incentivar el consumo y aliviar la carga financiera a todos los que tenían alguna deuda. Cuando la crisis se contuvo (vino la vacuna y la pandemia de COVID-19 disminuyó de manera importante), el consumo regresó; los precios del petróleo, que llegaron a cotizar incluso en números negativos (las empresas petroleras tuvieron que pagar por almacenar un petróleo que nadie consumía), alcanzaron precios de más de 100 dólares por barril.

Afectados también por el inicio de una guerra entre Rusia y Ucrania, los bancos centrales del mundo y el de EUA, conocido como la Reserva Federal (FED), enfrentaron entonces el reto de contener la inflación. Las tasas de interés de referencia en EUA subieron de 0.00% a un rango de 5.25% a 5.50% por varios meses para contener el consumo. Ello generó una caída en los precios de las acciones.

Como siempre, la irracionalidad en los mercados accionarios apareció y hubo precios de acciones de algunas buenas empresas que cayeron más de 50%. Dicho contexto generó opiniones entre especialistas que apuntaban a una inminente recesión, lo que contribuyó a una mayor baja en los precios de las acciones y a un periodo de alta incertidumbre.

Luego de poco más de un año, la FED logró contener la inflación y evitar una recesión. Los niveles recientes de inflación en EUA (recuerde que estoy escribiendo a inicios de abril de 2024) son de 3.2% y no hay indicios de recesión. El crecimiento del Producto Interno Bruto (PIB) al último trimestre de 2023 (4T23) se actualizó hace unos días de 3.2% a 3.4%. El empleo en EUA es tan fuerte como el consumo.

La mejora económica en EUA se tradujo en una recuperación importante de precios de acciones desde 2023. En ese año, comenzó a escucharse con mayor frecuencia sobre una nueva ola tecnológica de enorme potencial y beneficio para distintas industrias llamada Inteligencia Artificial (IA). En este momento, el control inflacionario propicia las condiciones para el inicio, ahora, de un ciclo de baja en las tasas de interés de EUA y del mundo.

A los beneficios económicos y de valuación de empresas asociados a una baja en tasas de interés (al pagar menos intereses, las personas consumen más, las empresas tienen mejores utilidades y los precios avanzan) se sumarán los beneficios que estaremos conociendo por la implementación de la IA. Le aseguro que será extraordinario.

Por lo anterior, le diría entonces que hablar o escribir de la inversión bursátil en un ciclo de alza siempre es y será más fácil que hacerlo durante uno de baja. Es en los ciclos de baja cuando nadie quiere saber de las acciones, aunque es también donde se presenta la mayor oportunidad. La buena noticia es que, en más de 90 años de historia y en 80% de las ocasiones, los precios de las acciones en EUA se encuentran en tendencias o ciclos de alza y esta es la primera de muchas razones para ser optimista en el mercado accionario.

CÓMO COMPRENDER ESTAS LÍNEAS

La estructura del libro consta de cuatro partes: la primera («Optimismo de sobra») es la sección más extensa, pues ofrece distintos argumentos que justifican ser optimista en el mercado accionario. Combino mucho sentido común y una serie de eventos y estadísticas muy interesantes sobre la realidad y recurrencia de sucesos del mercado accionario. Muchos de estos ocurrieron hacia finales de 2023 e inicios de 2024, pero han sido recurrentes y deberán servir siempre como material de referencia y consulta para usted en diferentes épocas.

Si bien la estadística no tendrá nunca un carácter 100% predictivo, es difícil la cantidad de «coincidencias» en la historia del mercado como para desconocer esta información tan importante. Como dice un sabio refrán, «La historia siempre se repite».

La segunda parte («Optimismo integral») contiene una recopilación de notas que he publicado en los últimos años sobre los verdaderos motivos detrás de los objetivos de construcción patrimonial de relación absoluta con el optimismo. Los consideré siempre artículos valiosos y esta fue la mejor manera de guardarlos y poderlos compartir de manera más extensa.

La tercera parte («Inteligencia artificial: la tercera es la vencida») expone información y análisis de expertos en el tema de la IA. Esta nueva corriente tecnológica nos seguirá maravillando, incluso en el presente es difícil de dimensionar, pero tendrá un papel fundamental en la tendencia alcista de los mercados accionarios en los próximos años.

En esta parte, hago un llamado sobre el desaprovechamiento que tuvimos muchos en el pasado al no identificar la oportunidad que representó la llegada de otras olas tecnológicas como internet, la telefonía celular y los autos eléctricos. No me refiero al beneficio como usuarios o consumidores, sino al de ser dueños de empresas protagonistas de estos avances cuyas inversiones generaron enormes beneficios patrimoniales para quienes sí participaron de ellas.

La última sección («El conocimiento es poder... solo si lo ejecutamos») expone, aunque parezca obvio, la dificultad que muchos tienen para tomar decisiones a pesar de contar con información valiosa que sustenta las mismas. No deja de sorprenderme la cantidad de personas que con frecuencia muestran entusiasmo por la información y estrategia que han encontrado en los libros y las notas de SNX, pero que siguen sin ser empresarios en Bolsa y lamentan no haber tomado esta decisión (lo lamentan, pero nada más, siguen sin tomar decisiones o, más bien, deciden esperar sin comenzar a construir patrimonios).

OPTIMISTA INTEGRAL

Creo que el optimismo se debe contagiar en otras muchas áreas y actividades. Llevaba ya un tiempo trabajando en esto. No podía terminarlo por distintas razones (trabajo, clases, viajes, etc.). Hace unas semanas, comencé con un dolor de rodillas. Sabía que los años de deporte ininterrumpido y de alto rendimiento podrían traer estas consecuencias.

Mi amigo, el extraordinario ortopedista Jaime Salgado, que me ha sacado de muchas por años, me recomendó una cirugía de meniscos de carácter preventivo. Me sometí a ella, pero pasé algunas semanas sin caminar. ¡Muy bien! Aproveché para terminar el libro y mantuve mi optimismo en estar pronto de regreso. No se sorprenda de que algunos capítulos podrían aparentar tener poca relación con la inversión bursátil: se concentran en el optimismo integral. Sucede que, de la misma manera en que nunca he entendido a un inversionista exitoso sin ser una persona exitosa en su conjunto, no concibo a un optimista solo para el mercado accionario.

Carlos Ponce Bustos

Nota al lector:

Si este es el primer libro de nuestra Biblioteca SNX-Actinver que usted está leyendo, posiblemente no esté familiarizado con nuestro nombre y siglas SNX. SNX es la abreviación de «¡Sin Excusas!», una filosofía y actitud que nos parece apropiada bajo cualquier circunstancia. La letra «X» en nuestro logotipo representa un reloj de arena que nos ayuda a recordar siempre la importancia de aprovechar el tiempo.

PARTE 1

OPTIMISMO DE SOBRA

PRIORIDADES

Qué caso tiene correr si vas en la dirección equivocada.

Eckhart Tolle

La educación general en México es muy pobre. Hasta el año 2022, México se posicionaba en el lugar 35 entre los 37 países miembros de la OCDE (Organización para la Cooperación y el Desarrollo Económico) que fueron evaluados por la prueba PISA (Programa de Evaluación Internacional de Alumnos, por sus siglas en inglés y que pertenece a la OCDE), cuyo objetivo es medir la capacidad de los alumnos de 15 años para utilizar sus conocimientos y habilidades de Lectura, Matemáticas y Ciencias para afrontar retos de la vida real.

Mientras que los países miembros de la OCDE obtienen un puntaje promedio de 478 puntos, en México fue de 407. Matemáticas y Comprensión de Lectura fueron las áreas en donde México tiene mayor desventaja. Dos de cada tres estudiantes en México no alcanzaron el nivel básico de aprendizaje en Matemáticas. Además, fuimos el país con el peor puntaje en Ciencias.

EDUCACIÓN FINANCIERA

Si la educación en general en México es pobre, en temas financieros lo es mucho más: 40% de los mexicanos no cuenta con ahorros; del 60% que sí tiene, 40% lo hace de manera informal (ahorro en casa, tandas, etc.). Únicamente 15% de la población en México ahorra de manera formal.

La inversión en el mercado accionario es todavía más baja. Apenas 1% de la población económicamente activa participa comprando acciones, mientras que en países como EUA, la proporción es de 60%. En México, por cada 10,000 personas económicamente activas hay 35 inversionistas en Bolsa, cuando en EUA existen 6,000 por cada 10,000.

Una limitante en el aprendizaje es el tiempo, pero la más importante es la voluntad. Cuando pensamos en todas las áreas en las que uno puede capacitarse y la cantidad de cosas que podemos atender, resulta enorme (no tiene límites). Podríamos aprender temas relacionados con entretenimiento, salud, deporte, religión, astronomía, botánica, biología, geografía, historia, etc. Además, cada uno de ellos tiene otra cantidad enorme de subdivisiones. Si el tema es deporte, puede ser atletismo, natación, ciclismo, futbol, basquetbol, remo, arco, clavados, gimnasia, box, lucha, karate, etc. Si es atletismo, puede subdividirse en carreras, marcha, lanzamientos o saltos. Si es carreras, pueden ser de 50 o 100 metros, cinco o diez kilómetros, maratones, ultramaratones, etc. Como verá, no existe tiempo suficiente para aprender o practicar absolutamente todo lo que hay por aprender o hacer.

La clave está entonces en seleccionar sobre qué temas queremos aprender y llevar a cabo. Esta decisión puede venir por gustos, por aficiones personales o por necesidades o intereses reales, esto es, ¿qué quiero hacer y cómo quiero estar?

MI MAESTRA TERE

En la secundaria, llevé la materia de Química que impartía la maestra Tere (qué pena, no sé su apellido, pero la recuerdo con aprecio, era amable y simpática). Siendo muy honesto, no me acuerdo por completo de sus lecciones, sé de las propiedades de algunos elementos y probablemente de algún otro tema.

Por favor, no malinterprete lo que voy a decir. Bienvenida la educación básica integral, pero, al analizar qué tan útiles fueron las clases de Química para mí a lo largo de mi vida, la verdad es que muy poco o nada. Nunca he necesitado saber nada sobre esa materia. Pero si me pregunta qué tan útil o importante ha sido conocer sobre inversiones más allá de mi desarrollo profesional, la respuesta es: ¡muchísimo!

Con mucho respeto y reconocimiento para la Química, si me pregunta: ¿hubieras preferido o agradecido tener clases de educación financiera y de inversión bursátil desde la secundaria en vez de Química o alguna otra materia? La respuesta es: ¡por supuesto que sí! ¡Absolutamente!

No podemos saber y conocer de todo, pero si algo es especialmente importante es la educación financiera y, en particular, la inversión bursátil, una materia pendiente en México. ¡Felicidades por ocupar parte de su tiempo en atender este tema!

HÁBITOS FINANCIEROS PARA LOS HIJOS

Haces tanto ruido con tu ejemplo que no escucho lo que me dices.

Anónimo

Continúo reflexionando sobre la educación financiera y ahora lo enfoco a la oportunidad que tenemos los adultos de preparar mejor a los más jóvenes. Más importante que heredar dinero, será heredar educación. El patrimonio más importante de todo individuo es la salud y la educación.

PARECE QUE CREAR PATRIMONIO ES ALGO MALO

Tom Corley, autoridad internacional en hábitos de salud financiera y autor de varios libros relacionados con este tema, invita frecuentemente a procurar mejores hábitos para los hijos a través del ejemplo. Gracias a Corley, cada inicio de semestre de la cátedra de Inversión Patrimonial que llevo impartiendo en la Universidad Nacional Autónoma de México desde hace más de 15 años, realizo las siguientes tres preguntas a mis alumnos:

1. «¿Cuántos de ustedes quieren tener una vida llena de éxito financiero?». Todos levantan la mano.
2. «¿Cuántos de ustedes piensan que van a ser exitosos financieramente?». La mayoría de los estudiantes levantan la mano (aunque

tardan más que en la primera pregunta). Entonces, lanzo la pregunta mágica:

3. «¿Cuántos de ustedes han tomado un curso sobre cómo ser financieramente exitoso en la escuela?». Nadie nunca alza la mano.

Todos los estudiantes quieren ser exitosos y creen que pueden llegar a serlo, pero ninguno ha decidido recibir algún tipo de educación al respecto, independientemente de la carrera que estudian. Tampoco la han recibido de sus padres o del sistema educativo. Además, existen muy pocos cursos que enseñen principios básicos; ni tampoco literatura financiera.

Piense en lo siguiente: la mayoría de las personas en México viven al día esperando el siguiente pago. La mayoría acumulan más deudas que inversiones. La mayoría tienen dificultades para pagar universidades u hospitales. Peor aún es que los niños (hijos, sobrinos, ahijados, etc.) están aprendiendo esto. Además, políticos y medios de comunicación califican a la gente que ha logrado crear patrimonios de corruptos y codiciosos, que tienen demasiada riqueza y esta debe ser redistribuida. ¿Qué mensaje se envía a las futuras generaciones? Pareciera que se les está enseñando que buscar éxito financiero es algo malo o que solo se logra de manera corrupta. A continuación, presento estadísticas acerca de los hábitos de las personas que construyen patrimonios contra los de las que no lo hacen, pero que están enseñándoles a sus hijos de manera inconsciente, impidiéndoles crear patrimonio:

1. 72% de los ricos conocen exactamente sus finanzas, frente al 5% de los pobres.
2. 6% de los ricos juegan la lotería, frente al 77% de los pobres.
3. 80% de los ricos están concentrados en al menos un objetivo, frente al 12% de los pobres.
4. 21% de los ricos tienen sobrepeso, frente al 66% de los pobres (gastos médicos).
5. 63% de los ricos ocupan máximo una hora al día en uso recreativo del internet, frente al 74% de los pobres.
6. 83% de los ricos asisten a los eventos de la escuela con sus hijos, frente al 13% de los pobres.
7. 63% de los ricos leen o escuchan audiolibros durante su camino a la oficina, frente al 5% de los pobres.

8. 67% de los ricos ven menos de una hora de televisión al día, frente al 23% de los pobres.
9. 9% de los ricos ven *reality shows,* frente al 78% de los pobres.
10. 73 % de los ricos ocupan la regla 80/20 (vive con 80%, ahorra el 20%), frente al 5% de los pobres
11. 79% de los ricos hacen *networking* cinco horas o más al mes, frente al 16% de los pobres.
12. 8% de los ricos creen que la riqueza proviene de la suerte o el azar, frente al 79% de los pobres.
13. 79% de los ricos se consideran responsables de sus circunstancias financieras, mientras que 82% de los pobres creen que son víctimas y no son responsables de su pobreza.

¿QUÉ TIENEN QUE VER LOS PADRES CON LOS HÁBITOS DE POBREZA?

Aparte de las condiciones socioeconómicas estructurales que explican la situación de pobreza, muchos expertos en estos temas coinciden en señalar que los malos hábitos de la gente pobre pueden determinar el que no puedan salir de esta situación. Concretamente en el círculo familiar, los «mejores padres» pueden enseñar a sus hijos a pensar en el éxito, mientras que los «malos padres» enseñan hábitos de pobreza que alejan de la riqueza.

No existe una brecha de riqueza, existe una brecha entre los padres. No tenemos desigualdad de riqueza, tenemos desigualdad de padres. Además, tanto los padres como las escuelas necesitan trabajar en conjunto para enseñar buenos hábitos a los niños. Existen hábitos específicos y a continuación encontrarás algunos ejemplos que estos mismos especialistas recomiendan.

¿QUÉ PUEDEN ENSEÑAR LOS PADRES PARA CORREGIR LOS HÁBITOS DE POBREZA?

1. Establezca límites de televisión, redes sociales, videojuegos y teléfono. Reduzca el tiempo a máximo una hora al día.
2. Haga que lean con frecuencia y que escriban un resumen para revisar.
3. Haga que realicen ejercicio aeróbico entre 20 y 30 minutos diarios.

4. Limite el consumo de comida basura a menos de 300 calorías al día.
5. Incentívelos a soñar y a perseguir sus sueños.
6. Enséñeles a establecer objetivos de largo plazo.
7. Si están en edad de trabajar, haga que sean voluntarios.
8. Enséñeles a ahorrar 25% del dinero que perciben en los cumpleaños u otras fechas.
9. Enséñeles la importancia de llamar a familiares, amigos y profesores en fechas especiales.
10. Enséñeles a enviar cartas de agradecimiento a aquellos que les han ayudado.
11. Demuéstreles que cometer errores no es malo. Ellos necesitan entender que la principal estructura del éxito está construida a través de las enseñanzas que provienen de nuestros errores.
12. Discipline a los niños cuando hacen escándalos. Es importante que entiendan las consecuencias de no controlar sus emociones. La ira es una de las emociones más costosas, pues hace que la gente sea despedida, divorcia parejas y destruye relaciones.
13. Enséñeles que perseguir éxito financiero es algo bueno.
14. Los niños necesitan saber cómo administrar el dinero. Abra una cuenta de ahorros o inversión para ellos y enséñeles que no pueden tener todo lo que quieren solo por pedirlo. Si quieren algo demasiado, pueden usar sus ahorros. Adicionalmente, aprenderán que deben trabajar para obtener lo que quieren.
15. Exíjales que participen en, al menos, una actividad extracurricular (además de deportes) en la escuela o fuera de la misma.
16. Padres e hijos deben dejar todo de lado al menos una hora al día únicamente para hablar. No Facebook, no teléfono, solo cara a cara. Ese es el único tiempo de calidad que tendrá con sus hijos.
17. Enséñeles cómo manejar su tiempo. Muéstreles cómo crear una lista de tareas y ayúdelos a seguirla diariamente.

Sería demasiado ambicioso pensar en seguir todas estas recomendaciones, pero Corley afirma que tomando solo uno o dos de estos hábitos transformará su vida por completo. El de lectura puede impulsar el éxito de su hijo. El de ahorro o inversión puede ayudarlos a encontrar la independencia financiera. El del ejercicio le dará la posibilidad de tener una vida larga y saludable.

LOS INGREDIENTES DEL ÉXITO BURSÁTIL REQUIEREN OPTIMISMO

El orden de los factores no altera el producto.

Pitágoras

La pasión y el entusiasmo por mi profesión me han llevado a desarrollar y proponer metodologías y sistemas de inversión para el mercado accionario. Luego de varios años, desarrollé la llamada «Estrategia Integral C4». El detalle de esta aparece en otro libro de nuestra Biblioteca SNX-Actinver titulado *Además, soy empresario en Bolsa*, pero la comento ahora a grandes rasgos.

Una característica del éxito es la disciplina. La disciplina de procesos o metodologías en cualquier profesión es fundamental. Sin embargo, en mi actividad como analista, estratega y asesor he visto con asombro que muy pocos participantes del mercado accionario en México tienen una metodología clara de inversión.

¿No lo cree? Haga la prueba, pregunte a alguna persona que participe en el mercado accionario (incluyendo asesores) cuál es su metodología de inversión y escuche con atención su respuesta. Si titubea o tarda en contestar es porque está improvisando y realmente no la tiene. Si la tiene, analice si se trata de una metodología parcial o integral.

¿Qué significa esto? Si la metodología que le comparten señala alguna variable financiera de empresas, algún múltiplo tipo P/U o FV/Ebitda o la proporción del dividendo que paga una empresa por acción respecto a su precio del mercado (*dividend yield*), se trata de una metodología parcial, pues únicamente permite identificar cuáles pueden ser algunas buenas empresas para invertir.

Una respuesta más valiosa, pero también parcial, sería aquella que incorpora una metodología de valuación atendiendo mayor tiempo en las estimaciones de resultados de las empresas para la obtención de un valor estimado, también conocido como «precio objetivo». La metodología de Descuento de Flujos de Efectivo es de lo más útil, pero son pocos los que la conocen y utilizan.

Si la respuesta sobre la metodología apunta al comportamiento de precios (si ha subido o bajado mucho en determinado periodo) y al uso de herramientas técnicas, esta también es parcial pues se enfoca en buscar mejores momentos sin entender necesariamente el valor real del precio de una acción o elementos fundamentales de la empresa (expectativa de crecimiento en ventas, rentabilidad, nivel de deuda, etc.).

Finalmente, muy pocos le podrán contestar la manera en que deciden la cantidad de acciones que debe tener un portafolio y la proporción de cada empresa o sector en el mismo.

Nuestra metodología Estrategia Integral C4 tiene las siguientes características:

Está enfocada al conocimiento y control del riesgo: muchas personas deciden invertir en el mercado accionario al considerar que pueden ganar mucho y muy rápido. La prioridad que le dan a esto origina que asuman diferentes riesgos en sus decisiones. Todas las historias desafortunadas que conozco de personas que invirtieron en Bolsa fue porque asumieron mayores riesgos de manera consciente o inconsciente. Los riesgos son inevitables en cualquier decisión, por lo que al decidir no hay que buscar evitarlos, sino entenderlos y controlarlos correctamente. La Estrategia

Integral C4 da prioridad a identificar las cuatro etapas en que un empresario en Bolsa puede asumir riesgos y las controla o disminuye en cada uno.

Es integral: las cuatro fases que hemos identificado de potencial riesgo al invertir en el mercado accionario se relacionan con cuatro preguntas:

1. ¿Cuánto de mi portafolio total debo asignar a la inversión bursátil?
2. ¿Cuáles son las mejores empresas para ser dueño?
3. ¿Cómo debo diversificar o invertir en cada una de las mejores empresas?
4. ¿Cuándo es conveniente aumentar o disminuir exposiciones en mis acciones?

Es sencilla: es decir, que es indispensable comunicar de manera sencilla y clara. Si se da cuenta, cada una de las cuatro preguntas que se relacionan con fases de potencial riesgo para el empresario en Bolsa comienzan con la letra «C» (Cuánto, Cuáles, Cómo y Cuándo) y por ello el nombre de la estrategia integral es «C4».

La tabla en la página siguiente ilustra el esquema de la metodología y los criterios que se utilizan para disminuir el riesgo en cada fase. Como comenté, si le interesa el detalle de la metodología junto con otros temas más relacionados con estrategias, los puede encontrar en el libro *Además, soy empresario en Bolsa*, de la Biblioteca SNX-Actinver.

LA FÓRMULA DEL ÉXITO

La Estrategia Integral C4 forma parte, a su vez, de los ingredientes de éxito necesarios para quien se convierte en un empresario en Bolsa. Un diagrama adelante los muestra y los comento ahora.

Conocimiento básico: sin ser especialista, pero es importante que el empresario en Bolsa tenga un conocimiento básico del mercado accionario. Saber qué son los índices como el S&P 500, el Nasdaq, el Dow Jones o el IPC para México; conocer quiénes son los principales actores del mercado (inversionistas institucionales); saber las diferencias entre el precio y el valor de una acción, son algunos ejemplos de la información básica. En SNX publicamos todos los días tres notas para los socios del Fondo SNX que ofrecen información sobre empresas, explicación de conceptos tipo

Criterios para disminuir el riesgo en las fases de la Estrategia Integral C4

RIESGO	++++	+++	++	+
FASE	Distribución en portafolio	Selección de emisoras	Diversificación	Momento/ ponderación
PREGUNTA	¿Cuánto?	¿Cuáles?	¿Cómo?	¿Cuándo?
DENOMINA	C1	C2	C3	C4
HERRAMIENTA	DIAGNÓSTICO **Rebalanceo** Horizonte de inversión Objetivo de inversión Aversión al riesgo	8 CRITERIOS **Precio objetivo** Crecimiento a futuro en resultados Rentabilidad (margen) Liderazgo sectorial Poca deuda (estructura financiera) Dividendos Dirección (manejo) Valuación (potencial) Bursatilidad	DIVERSIFICA **«Inteligente»** Mínimo seis emisoras Balance sectorial Beta no mayor a 1.0	MOMENTO ADECUADO Promedios móviles RSI

Fuente: SNX.

tutorial y eventos importantes en el contexto diario. Esta tarea busca precisamente desarrollar el conocimiento básico.

Metodología: el segundo ingrediente de éxito es, como señalamos en la primera parte de este capítulo, una metodología de inversión. La Estrategia Integral C4 es la que usamos.

Disciplina: ya comentaba la importancia de este otro ingrediente. Por disciplina se entiende no hacer excepciones. Si la metodología que uso implica no invertir en empresas que no crecen, no invertir en empresas con alta deuda, no invertir en empresas que no generan flujo de efectivo, no construir un portafolio con menos de cinco compañías diferentes, etc., entonces, ¡no lo hago! Tenemos que ser siempre disciplinados. En la segunda parte de este libro tenemos un capítulo titulado «Construir disciplina» que profundiza más sobre este importantísimo ingrediente.

Paciencia: un requisito indispensable para el inversionista en el mercado accionario (empresario en Bolsa) es mantener un horizonte a mayor plazo que en el gremio bursátil se entiende de no menos de tres años. En un capítulo más adelante, titulado «Paciencia», comparto mayores reflexiones sobre este tema. En el diagrama de esta «fórmula» usted puede identificar que la disciplina y la paciencia forman parte del llamado temperamento. A diferencia de los dos primeros ingredientes de éxito, el Conocimiento básico y la Metodología de inversión, los cuales pueden ser proporcionados por alguna institución financiera, por algún asesor o consultados en un libro como este, la disciplina dependerá completamente de usted. Esta se trabaja de manera individual y está muy relacionada con la confianza. También tengo más adelante un capítulo sobre ello.

Optimismo: todos los ingredientes anteriores funcionan mucho mejor cuando usted es optimista. Este optimismo crecerá con su conocimiento y experiencia, de tal manera que se convertirá en un «círculo virtuoso»: los ingredientes del éxito generarán optimismo y el optimismo alimentará a los ingredientes.

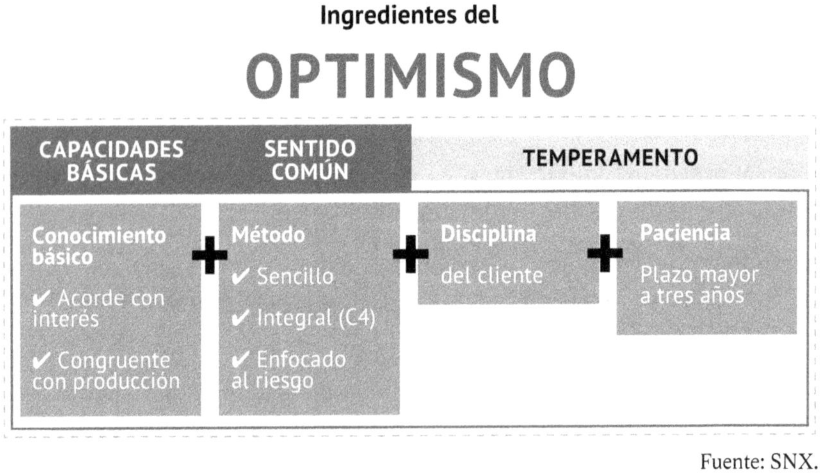

Fuente: SNX.

EL MEJOR MOMENTO PARA INVERTIR EN BOLSA

Somos el resultado de la suma de todo momento de nuestra vida.

Película *Antes del atardecer*

Este libro y todos los demás que conforman nuestra Biblioteca SNX-Actinver demuestran de diversas maneras el enorme beneficio que genera a mayor plazo convertirse en empresario en Bolsa participando en el mercado accionario.

Los individuos con mayor patrimonio en el mundo son empresarios e inversionistas. La mayor proporción (+50%) de sus portafolios se destina al mercado accionario, así que cuando uno se pregunta: «¿cuál es el mejor momento para invertir en el mercado accionario?», es como si preguntara: «¿cuándo es el mejor momento para comenzar a hacer ejercicio?», «¿cuándo es el mejor momento para dejar de fumar?», «¿cuándo es el mejor momento para comer de manera saludable?» o «¿cuándo es el mejor momento para evitar preocupaciones?».

¡No vacilo en insistir en que el mejor momento para comenzar a construir un buen patrimonio y ser dueño de las mejores empresas y socio de los directores más talentosos del mundo es ahora!

OPTIMISMO VERSUS CUALQUIER CRISIS

En la crisis, sé consciente del peligro, pero reconoce la oportunidad.

John F. Kennedy

SIEMPRE HABRÁ RAZÓN PARA VENDER, PERO SERÁ INCORRECTA

Si tuviera que escoger una sola gráfica de este libro para transmitir la razón de optimismo permanente para un empresario en Bolsa (inversionista bursátil) sería la que aparece en este capítulo. Piense, por favor, en algún tema que le preocupe siendo ya inversionista bursátil o que le impida tomar la decisión de convertirse en uno. Aquí tiene algunos que me imagino podrían pasar por su cabeza:

- Una nueva guerra
- Alza del precio del petróleo
- Un conflicto electoral
- Una nueva alza en las tasas de interés
- Una recesión económica
- Un conflicto comercial global
- Una nueva pandemia
- Un atentado terrorista en el mundo

Pues bien, todos ellos y otros más complicados como renuncias y asesinatos presidenciales en EUA, atentados terroristas, etc. han enmarcado la historia del índice bursátil S&P 500 (indicador del comportamiento del precio de 500 empresas de distintos sectores que cotizan en EUA) por más de 90 años, y ninguna de ellas, absolutamente ninguna, detuvo la tendencia alcista a mayor plazo del mercado accionario del país del norte.

La gráfica siguiente indica eventos históricos muy difíciles que pudieron haber justificado «salir del mercado», pero ninguno evitó que la tendencia alcista volviera con mayor fuerza tiempo después. Todas las historias que usted haya escuchado sobre personas que perdieron mucho dinero en el mercado accionario fue porque tomaron decisiones equivocadas que involucraron un mayor riesgo: un horizonte de corto plazo (especular), invertir en empresas que no conocían, concentrarse en pocas acciones, etc.

En realidad, cualquiera que pudo tener un portafolio diversificado y que permaneció invertido, no solo vio regresar lo «perdido», sino que obtuvo grandes beneficios en el tiempo. No existe un argumento que pueda rebatir esta realidad y es la base principal de un optimismo permanente en la inversión bursátil.

Eventos históricos y su afección en la Bolsa

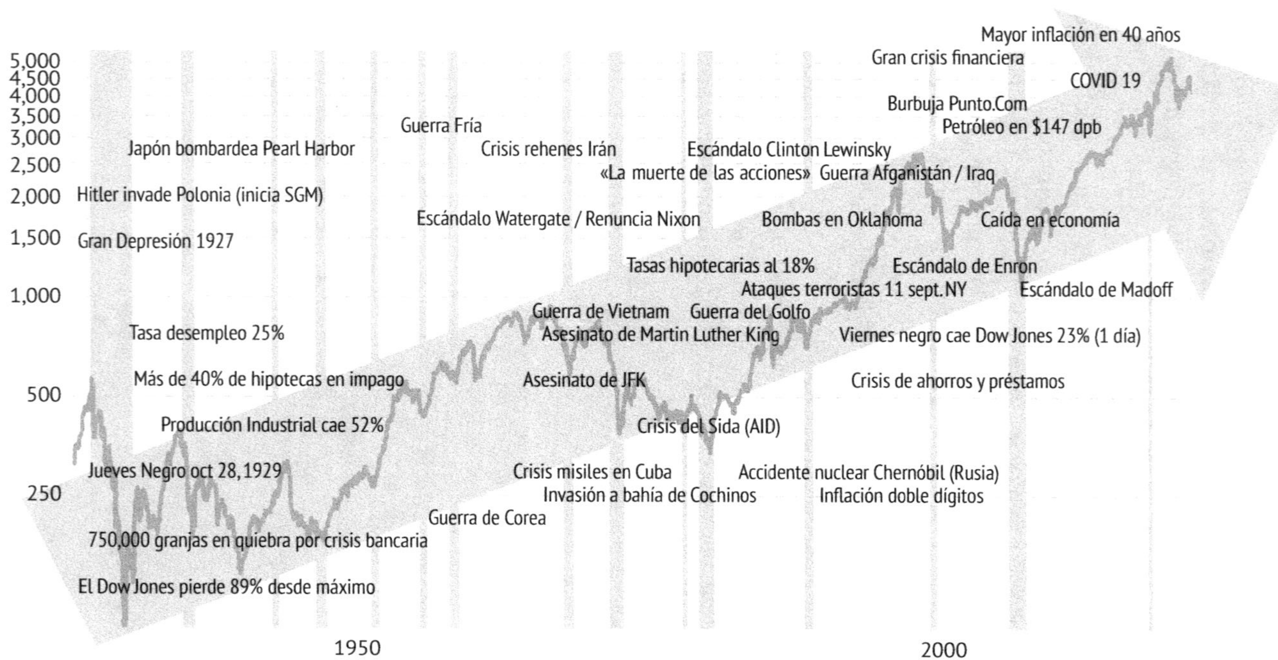

Fuente: Returns Web.

OPTIMISMO POR CONOCIMIENTO

La verdad no es nunca confusa, la verdad es clara y evidente.

Éliette Abécassis

La gráfica del capítulo anterior es extraordinaria. Pero, para fortalecer el optimismo que usted necesita, es importante que entienda la razón del avance permanente del mercado accionario.

Algunos participantes de perfil especulativo atienden principalmente el movimiento de los precios de las acciones, buscando identificar ciertos patrones recurrentes para «adivinar» movimientos futuros. En «Introducciones» me referí brevemente al análisis técnico que ellos usan.

Sin embargo, detrás del movimiento de una gráfica de una acción en el mercado accionario, existe una compañía. Una compañía con historia y con proyectos; que produce u ofrece servicios, que contrata personal, consume, se financia, evalúa constantemente planes para invertir y toma decisiones permanentes para crear valor.

Cuando usted decide ser dueño de una empresa en el mercado accionario, no lo hace por lo que hoy es esa empresa, sino por la perspectiva que tiene para los próximos años.

La historia documenta una permanente y favorable evolución en las buenas compañías. Los márgenes y los niveles de rentabilidad de las buenas empresas que cotizan en el mercado accionario de EUA cada vez fueron mejores.

Algunos factores que explican el crecimiento constante y la mejor rentabilidad de las buenas empresas en el tiempo son:

Inflación: es una variable permanente en todas las economías. A veces crece más y en otros momentos menos, pero siempre avanza. A nosotros, como consumidores, la inflación nos perjudica, pues disminuye nuestro poder adquisitivo en el tiempo. Si tenemos una inflación anual de 5%, significa que, a menos de que tengamos un aumento salarial similar, podremos comprar 5% menos de lo que comprábamos antes de tener ese nivel de inflación. No obstante, en las empresas es distinto; estas aumentan en 5% o el equivalente a la inflación registrada en sus ventas con objeto de no ver disminuir sus márgenes de ganancia. Ese aumento de precios genera mayores utilidades. Está demostrado que, en épocas de mayor inflación, las utilidades de las empresas crecen más: aunque pueden tener menor demanda por un precio de producto más alto, ese menor volumen de venta se compensa con el aumento de precios que transfieren al consumidor final.

Crecimiento poblacional: este factor explica el alza permanente en las utilidades de las buenas empresas en general. Con una mayor población, hay mayores consumidores y, en consecuencia, mayores ventas y utilidades. Aunque la tasa de natalidad ha disminuido en la mayoría de los países desde hace tiempo, la esperanza de vida está en aumento. Los avances en la medicina, una cultura de mayor salud en general (menos tabaco, menos alcohol, mejor alimentación, más ejercicio) y la creciente tendencia de medicamentos y procesos que aumenten la longevidad, seguirán favoreciendo el crecimiento poblacional y, así, el de las ventas y las utilidades corporativas.

Desarrollo tecnológico: si usted se considera favorecido como usuario (consumidor) por el avance de la tecnología (cada vez más rápido) en los últimos años, le aseguro que para las empresas el beneficio ha sido exponencialmente mayor. El desarrollo tecnológico significa para muchas de ellas importantes ahorros en costos, lo que a su vez se traduce en mayores márgenes y, en consecuencia, en mayores utilidades. Esta tendencia no solo no se va a detener, sino que aumentará. El avance de la Inteligencia Artificial (IA) a futuro promete grandes beneficios para las empresas.

Permanentes integraciones: existen dos formas de crecer para una empresa: 1) de manera integral, a través de la demanda que tienen sus productos y servicios y 2) través de fusiones y adquisiciones. Esto es: la compra de empresas con productos o servicios que pueden favorecer a una rápida integración en función de estrategias de negocios. El sector de tecnología es un claro ejemplo de esto. Empresas como Amazon, Meta Platforms (antes Facebook) o Microsoft son algunas que han adquirido otras para expandir su oferta, incursionar en nuevos mercados, mejorar márgenes y, en consecuencia, tener mayor crecimiento en utilidades.

Obsolescencia programada: un elemento más que suma al crecimiento permanente en los resultados de las buenas empresas es la llamada obsolescencia programada. ¿Cada cuánto tiempo cambia usted su teléfono celular? ¿Y su computadora? ¿Y su televisor? Seguramente ese tiempo se acorta en los últimos años debido, en gran medida, a la obsolescencia programada, un fenómeno que no se refiere solo al hecho de que un objeto tecnológico deje de funcionar, sino también a que surja uno mejor o, directamente, a que pase de moda. Durante las últimas décadas asumimos que la vida de los productos es relativamente corta, ya que con el paso del tiempo se deterioran o se quedan obsoletos. En muchos casos, ante una avería, el fabricante directamente nos dice que no es rentable repararlo y nos emplaza a comprar uno nuevo. Sin embargo, que estos productos dejen de funcionar es algo que forma parte de su diseño y, en muchos casos, fue cuidadosamente planificado por los fabricantes para forzarnos a comprar nuevos productos y así aumentar sus ganancias. De nueva cuenta, punto a favor de la empresa, del empresario o del inversionista.

¿Qué le parece? ¿Se da cuenta de mi (nuestro) optimismo por ser dueño de compañías en el mercado accionario que ven crecer constantemente sus ventas y utilidades?

OPTIMISMO ESTADÍSTICO

Afortunado es el hombre que tiene tiempo para esperar.

Pedro Calderón de la Barca

DURACIÓN Y MAGNITUD DE LOS CICLOS

Entendiendo en el capítulo anterior la razón detrás de la permanente tendencia alcista del mercado accionario en EUA a mayor plazo, la pregunta obligada ahora es: ¿cuánto duran los ciclos y qué tan fuertes son? La siguiente gráfica muestra en un plazo de 92 años las duraciones y las magnitudes promedios de los ciclos del mercado a través del índice S&P 500 en EUA.

Ciclos de baja

Los ciclos de baja tienen una duración promedio de un año con cuatro meses y sus correcciones (caídas) promedio oscilan en un rango entre -25% y -30% en dólares (recuerde que son promedios, en ocasiones duran más y en otras menos, y las bajas también pueden ser mayores o menores). El ciclo de baja más reciente al momento de escribir este libro sucedió en el 2022 cuando la Reserva Federal de EUA (FED) decidió aumentar las tasas de interés de 0.00% a 5.25% (en la sección «Introducciones» detallo un poco más dicho contexto).

El ciclo duró justamente poco más de un año con ajustes de -30%, muy en línea con los promedios históricos señalados. El ciclo de baja del 2022 propició, como siempre sucede, temores y decisiones equivocadas (venta de acciones de buenas empresas y desaprovechamiento de caídas en precios) en los participantes con menos experiencia. La reacción se entiende (aunque no se justifica), ya que el último ciclo de baja en el S&P 500 antes del 2022 había sido en la crisis financiera del 2008, es decir, pasaron 14 años sin un ciclo de baja, por lo que la caída del 2022 resultaba nueva (no visto y experimentado) para muchos inversionistas y simplemente no recordaban las características de un ciclo de baja. Por cierto, la historia demuestra que hasta ahora no se han registrado dos años consecutivos con caídas en el S&P 500.

Ciclos de alza

Por su parte, los ciclos de alza tienen una duración promedio de nueve años y su avance promedio en dólares es de 460%. La mayor magnitud y duración de los ciclos de alza versus los ciclos de baja generan la tendencia alcista que se observa en las gráficas. Este libro nació en el inicio de un ciclo de alza. El año 2023 fue el primero, 2024 está siendo el segundo. Faltan varios.

Por cierto, no existe ningún inversionista exitoso que no haya enfrentado o convivido con un ciclo de baja. Los ciclos de baja forman parte de las características de los mercados financieros, al igual que los ciclos de las economías, de la naturaleza y de la propia vida. Hay que entenderlos y aprovecharlos, pero nunca temerles.

Ciclos del mercado a través del índice S&P 500 en EUA en los últimos 92 años

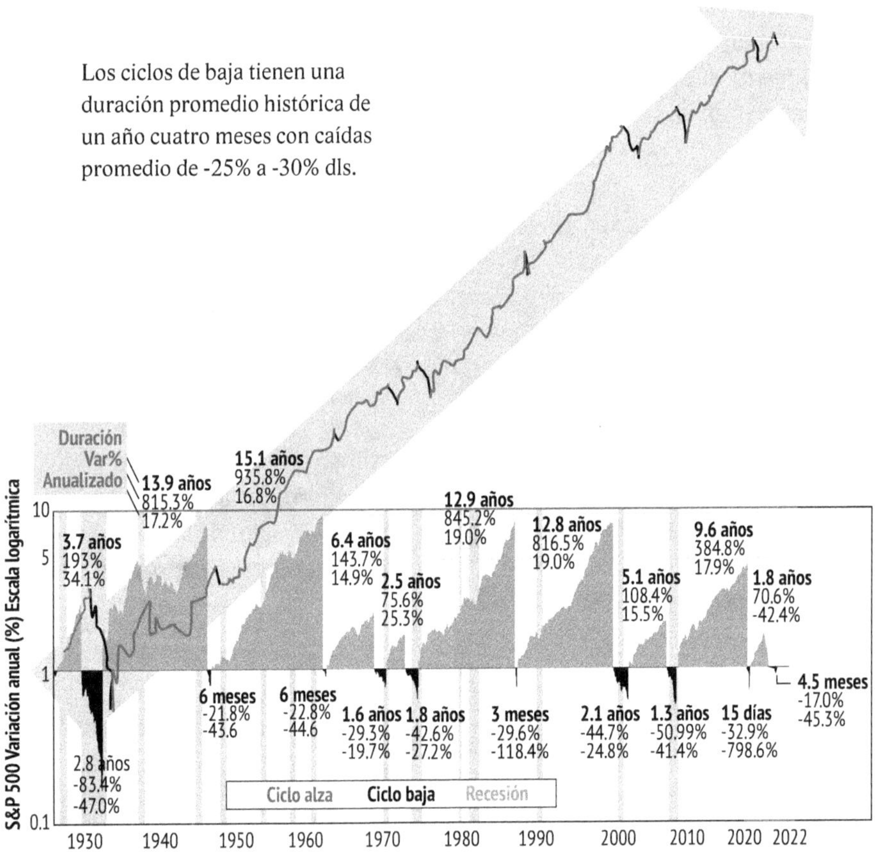

Fuente: Bloomberg / SNX.

OPTIMISMO PACIENTE

La paciencia y el tiempo hacen más que la fuerza y la pasión.

Jean de La Fontaine

En el capítulo «Los ingredientes del éxito bursátil requieren optimismo» señalé a la paciencia como un ingrediente fundamental. En el apartado «Duración y magnitud de los ciclos» del capítulo anterior, demostramos que en promedio los ciclos de baja en el mercado accionario de EUA duran un año y cuatro meses y los ciclos de alza nueve años. Por supuesto, los ciclos de alza se disfrutan, pero los de baja se sufren. El tiempo es muy relativo.

La manera en que un profesor nos hizo entender en una clase la relatividad del tiempo fue cuando nos puso como ejemplo una cena. «Si conocen ustedes una chica o un chico que les atraiga y salen a cenar con ella o él, el tiempo que pasen les parecerá muy breve; pero si se ven forzados a salir a cenar con un grupo de amigos de sus papás que sean desconocidos, el tiempo les parecerá eterno, aunque haya sido exactamente el mismo tiempo que tuvieron en las dos cenas».

Por eso resulta tan difícil ser paciente en un ciclo de baja. Pero, centrados en nuestro propósito de construir optimismo con bases le propongo la siguiente reflexión: si usted considera que ser empresario en Bolsa es una decisión importante y se trata de un plan de mayor plazo, por favor, recuerde algunos proyectos o actividades que hayan sido importantes para usted y que hayan valido mucho la pena. ¿Cuánto tiempo le tomó? Comparto algunos personales:

- Me tomó seis años terminar la primaria.
- Me tomó tres años terminar la secundaria.
- En la preparatoria estuve tres años (por cierto, dicen que los tres mejores años en la escuela son los cuatro de prepa).
- Hice mi carrera universitaria en cuatro años.
- Los ciclos profesionales en las distintas instituciones financieras en la que participé (GBM, Grupo Bursátil Mexicano, Santander Investment, Ixe Grupo Financiera, Grupo Financiero BX+) no fueron menores a siete años.
- Nuestra empresa SNX, Constructores de Patrimonios, se fundó hace seis años.
- Mi noviazgo con Marthita duró tres años.
- Cumplí 30 años de casado con mi misma novia Marthita.
- Mis tres proyectos más importantes (mis hijos Martha María, Carlos «Charly» y Bruno) tienen 25, 24 y 20 años.
- Construir mi casa me tomó tres años.
- Entrené dos años para competir en un Ironman (competencia de triatlón de 3.86 km de natación, 180 km de ciclismo y 42.2 km de carrera).

Otras referencias de tiempo:

- Los árboles que tengo en casa tardaron diez años en crecer.
- Los buenos vinos tardan en añejarse, por lo menos, tres años.
- Los quesos añejados más ricos tardan, por lo menos, tres años.
- La Universidad Nacional Autónoma de México tardó cuatro años desde que se colocó su primera piedra hasta que iniciaron formalmente las clases (1950-1954).
- La curación del cáncer dura, en promedio, cinco años.

Los parámetros anteriores y los que usted pueda sumar en función de sus experiencias me parecen suficientes para no desesperar durante ciclos de baja del mercado, no buscar grandes resultados en pocos meses y mantenerse optimista.

OPTIMISMO EN NIVELES MÁXIMOS

Los récords están hechos para romperse.

Muhammad Ali

NO SE PREOCUPE CUANDO LLEGUEN LOS MÁXIMOS

Utilizo la misma gráfica del capítulo «Optimismo estadístico» para comentar las recurrentes preocupaciones que suceden cada vez que los índices accionarios alcanzan un nuevo nivel máximo histórico. El índice S&P 500 alcanzó su nivel máximo histórico número 22 en el 2024, el jueves 28 de marzo, generando preocupación en algunos al suponer que debería suceder un ajuste fuerte pronto. El S&P 500 acumulaba un avance de más de 10% (dólares) en el año en ese momento, impulsado tanto por las expectativas de recortes de tasas de interés por parte de la Reserva Federal de EUA como por la continua rentabilidad superior de las acciones tecnológicas entusiasmadas por la Inteligencia Artificial (IA).

La historia documenta que el S&P 500 ha cotizado dentro de 5% de un nivel máximo en 60% del tiempo en los últimos 60 años (ver siguiente gráfica). Además, desde 1960, el índice S&P 500 tiene un rendimiento promedio del 11.7% (dólares) en los 12 meses posteriores al registro de un nuevo máximo. Pero, independientemente de las estadísticas y de cualquier análisis «profundo», atendamos al sentido común. La misma gráfica señala distintos niveles máximos que han sucedido en el tiempo. Ninguno detuvo la tendencia alcista a mayor plazo y la llegada de nuevos y constantes máximos.

Si un inversionista dejara de ser dueño de empresas en el mercado accionario cada vez que presenta un máximo, no tendría nunca la posibilidad de crear patrimonio, pues estaría «fuera» del mercado la mayor parte del tiempo.

Máximos históricos en los ciclos del mercado a través del índice S&P 500 en EUA en los últimos 92 años

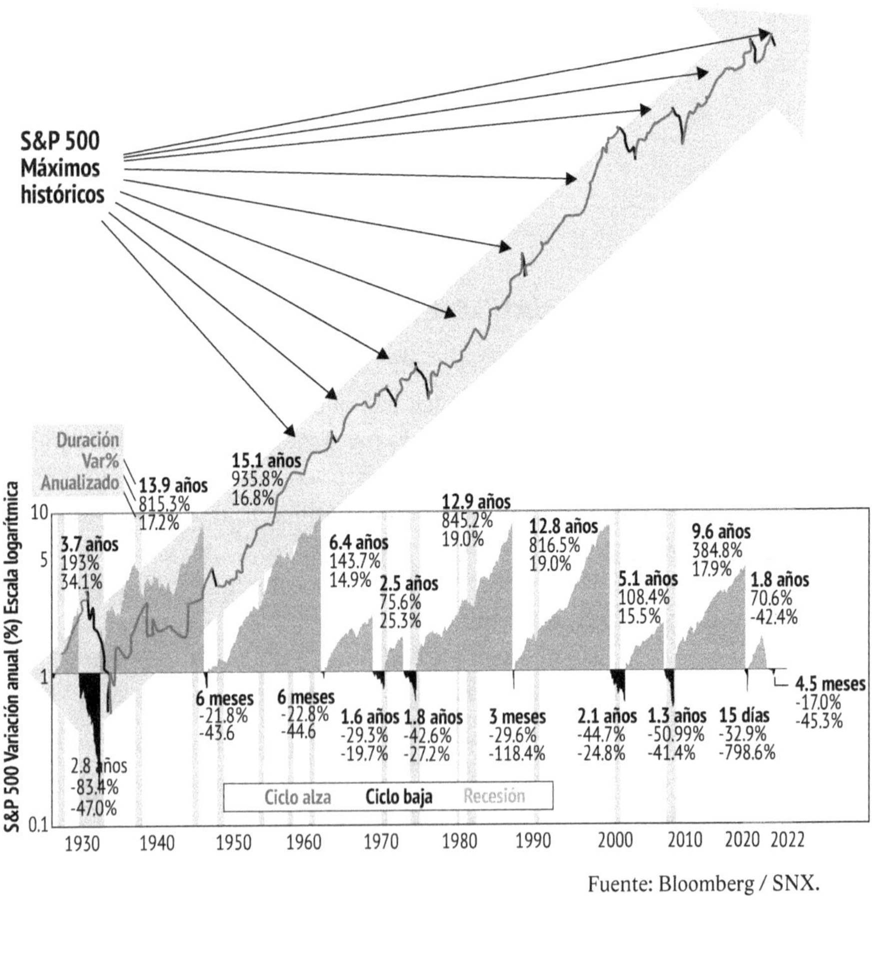

Fuente: Bloomberg / SNX.

OPTIMISMO EMPRESARIAL

Tener hijos no lo convierte a uno en padre, del mismo modo en que tener un piano no lo vuelve pianista.

Michael Levine

ADEMÁS, SOY EMPRESARIO EN BOLSA

Parte importante del optimismo como inversionista bursátil radica en el entendimiento de lo que dicha decisión realmente representa. La pobre cultura financiera y bursátil de la que comentaba en el primer capítulo de esta sección («Prioridades») tiene su origen en que en México fue vista por mucho tiempo como una «apuesta», como un «juego», como sinónimo de alto riesgo.

Aunque existen participantes que actúan con grandes riesgos, la realidad de la inversión bursátil es que es una manera diferente de convertirse en empresario. Muy relacionado con los elementos que explican el porqué de la tendencia alcista a largo plazo del mercado accionario que vimos en el capítulo anterior («Optimismo en niveles máximos»), es indispensable entender que cuando usted compra una acción de una empresa o un fondo como el SNX, que contiene un grupo de acciones de empresas de diferentes sectores, se convierte en dueño de una parte de ellas.

Sí, así como lo escucha. Usted se vuelve dueño de una parte de acciones de gran liderazgo, trayectoria y reconocimiento a nivel mundial. Usted puede ser dueño de Amazon, Google, Microsoft, Tesla, Disney, Nike, Apple, McDonald's, Walmart, entre otras.

Los dueños mayoritarios de estas empresas son los mayores creadores de patrimonio en el mundo. Aparecen en los primeros lugares de los listados de multimillonarios del planeta. Esa extraordinaria condición patrimonial se explica más allá de las utilidades que generan sus compañías, por el avance en el precio de las acciones de las que son dueños a través del tiempo.

El mismo porcentaje de ganancia que todos ellos reciben por el alza en el precio de sus acciones en el tiempo es el que percibirá usted al ser también dueño. Por supuesto que, en la medida en que la inversión es mayor, el beneficio cuantitativo también será mayor.

Si usted entiende esta condición de ser empresario en Bolsa, es decir, empresario de una firma distinta a la tradicional y a la única que se han imaginado muchos mexicanos como dueños de una compañía en la que ellos mismos tienen que crear, entonces su relación y entendimiento con el mercado bursátil será mejor y su optimismo más grande.

Lo he dicho en muchos otros libros: ¡no se necesita haber estudiado contabilidad, economía, administración, finanzas y otras carreras especializadas para poder ser inversionista! Todos podemos ser inversionistas y todos podemos ser empresarios.

Usted puede desarrollarse como médico, abogado, ingeniero, profesor, estudiante, deportista, actor, ama de casa y, además, como empresario en Bolsa.

OPTIMISMO POR EL EQUIPO

Ninguna persona puede ganar un partido por sí misma.

Pelé

PARTICIPA CON EL MEJOR EQUIPO

Utilizo similitudes deportivas para transmitir ideas. La siguiente pregunta es para conocedores del basquetbol, a ver cómo les va: ¿Podría decirme qué tienen en común los siguiente exjugadores y jugadores de la NBA (liga profesional de basquetbol en EUA) considerados todos como grandes estrellas destacadas?

- Charles Barkley
- Chris Paul
- Steve Nash
- Allan Iverson
- Reggie Miller
- James Harden

La respuesta es que, a pesar de ser considerados como grandes estrellas, ninguno logró o ha logrado ganar un anillo de campeonato. La posesión de un anillo de campeonato para los jugadores de la NBA se ha vuelto tan importante que muchos se cambian con frecuencia de equipos y sacrifican grandes sumas de salario en sus contratos con tal de poder estar en un equipo que aspire a ganar un campeonato y tener así un anillo.

Le comento ahora algunos datos de otro basquetbolista profesional de la NBA. Aunque sea usted un gran aficionado, seguramente no lo reconocerá o nunca haya escuchado de él: su nombre es Jud Buechler. Buechler, a diferencia de todas las superestrellas anteriores, cuenta con tres anillos de campeonato. Muy pocos jugadores profesionales de la NBA tienen esto.

¿Era Buechler muy bueno? ¡No! Era bastante malo. Aquí sus estadísticas promedio por partido durante los años que jugó:

- Puntos anotados: 1.8
- Porcentaje de enceste: 36.7%
- Rebotes: 0.8
- Asistencias: 0.8
- Robos de balón: 0.2
- Tiempo jugado: 7 minutos

¿Cómo logró entonces los tres anillos? Resulta que Jud Buechler formó parte en los años 1996, 1997 y 1998 del equipo de los Toros de Chicago, donde sus compañeros de equipo eran unos señores llamados Michael Jordan, Scottie Pippen, Dennis Rodman y Toni Kukoc, entre otros, los cuales formaron uno de los equipos más fuertes (o posiblemente el más fuerte) que ha existido en la NBA, ganando varios campeonatos.

¿Se da cuenta? Jud Buechler resultó ser muy ganador por el equipo al que pertenecía. Su optimismo como jugador era tremendo debido a los compañeros que lo rodeaban. Buechler, aunque no tuvo el sueldo de superestrella, no cobraba mal, recibió bonos económicos adicionales cada vez que los Toros llegaron a las semifinales, otros por llegar a la final y otros más por ganar los campeonatos. Seguramente tuvo pocas o ninguna lesión como jugador, pues jugó muy pocos minutos y además ocupó un asiento de primerísima fila (la banca de los Toros) en todos los partidos del mejor equipo del momento. ¿Necesitaba algo más para ser optimista?

El mercado accionario no es muy diferente. Cuando usted es dueño de algunas de las empresas líderes más importantes del mundo, también es socio de los empresarios más reconocidos y exitosos. Usted forma parte de ese equipo de superestrellas que son directores.

Son empresarios que han demostrado sus capacidades, su visión y éxito como estrategas. No solo han sobrevivido y superado momentos de crisis, sino que han salido más fuertes de ellas.

Difícilmente podría sentirme más optimista de los socios que tengo en esas empresas, además de Joe (José Luis Ramírez Domene) y Alex (Alexandro Santillán Gallardo), mis socios en SNX.

OPTIMISMO POR PERFIL GLOBAL

Con la globalización somos ciudadanos del mundo.

Anónimo

Cuando comencé mi desarrollo profesional en los años ochenta, no había forma de invertir (comprar) acciones de empresas internacionales desde México. Se tenía que abrir una cuenta directamente en alguna institución en el extranjero, pero, además, en general era muy limitado el acceso a la información. Tardábamos tiempo en enterarnos de noticias globales porque no existía internet. En México, la única información que se podía conocer de primera mano de las empresas mexicanas en Bolsa sucedía a través de las asambleas anuales de accionistas que en muchas ocasiones solamente se limitaban a informar sobre el pago de dividendos.

No había áreas de Relación con Inversionistas (IR) dentro de las compañías. La información financiera trimestral era muy pobre y la de las empresas internacionales era simplemente inaccesible.

No fue sino hasta el año 2003 que apareció el Sistema Internacional de Cotizaciones (SIC) de la Bolsa Mexicana de Valores (BMV), que se ha convertido en la herramienta ideal de los inversionistas mexicanos para acceder al mercado global de capitales de una forma eficiente y confiable. Al inicio del 2024 existían más de 3,500 valores listados, ofreciendo diversificación internacional y los mismos derechos corporativos que los inversionistas locales.

A la misma fecha en México, en la Bolsa Mexicana de Valores (BMV) cotizaban 138 empresas, pero en el 2018 había 145 y desde ese año hasta el 2023 solo una compañía listó sus acciones. Mientras, en los últimos cuatro años 17 emisoras se dieron de baja.

Por muchos años, las estrategias que diseñé y llevé a cabo se limitaron a empresas mexicanas, no había otras. Ahora los avances señalados nos permiten ser empresarios en Bolsa globales.

Tenemos la posibilidad real de ser dueños de las mejores compañías no solo de México sino de cualquier parte del mundo. Esto nos obliga (o nos da la oportunidad) de tener un pensamiento global, lo que nos permite no solo analizar y seleccionar empresas en otros países, sino también medir nuestro rendimiento en dólares, ya que las cotizaciones de las empresas internacionales, aunque se expresan en pesos en los estados de cuenta que recibimos, son en dólares.

Lo anterior significa que la variable de tipo de cambio puede «afectar» nuestra lectura en resultados. Esto ha sucedido durante los últimos años en México. A inicios del mes de abril del 2024, cuando escribo estas líneas, la cotización del peso mexicano versus el dólar norteamericano es de $16.60, cuando cuatro años antes, en abril del 2020, alcanzó casi $25.00. Dicho fortalecimiento significa ahora un rendimiento menor en pesos que en dólares, por lo que muchos participantes no apreciaban la tendencia alcista y de máximos recientes en los precios en dólares de muchas acciones de empresas en EUA cuando las miden en pesos.

Pero con un pensamiento de empresario global, entendemos también los beneficios de tener inversiones que cotizan en dólares y, sobre todo, de poder ser dueño de empresas globales. Aunque no nos guste, la realidad es que la oportunidad que ofrecen compañías líderes en sectores como el de tecnología con el inicio de la Inteligencia Artificial (IA) o en el sector salud con los desarrollos en medicamentos y procedimientos orientados a una mayor longevidad y control de peso de manera eficiente, solo se pueden tener en empresas internacionales.

La oportunidad que se nos presenta hoy de ser empresarios en Bolsa del mundo se suma a la condición de mayor optimismo que pudimos tener hace algunos años con todas las limitaciones que describí anteriormente.

OPTIMISMO POR LIDERAZGO

Un líder conoce el camino, hace el camino y muestra el camino.

John Green (*Ciudades de papel*)

Todas, absolutamente todas las empresas de las que somos dueños a través del Fondo SNX son líderes en sus sectores. Su liderazgo es uno de los seis filtros que usamos al momento de seleccionar compañías para ser dueños en el Fondo SNX y que forman parte de la metodología Estrategia Integral C4 comentada en el capítulo «Los ingredientes de éxito bursátil requieren optimismo». Aquí tiene nuestros filtros o criterios de selección.

1. **Importante crecimiento futuro (estimado):** en los renglones ventas, utilidad operativa, utilidad neta y generación de flujo de efectivo mayor al promedio de su industria y de las empresas del mercado accionario en general.
2. **Alta rentabilidad del negocio:** independientemente del tipo de crecimiento (orgánico o a través de fusiones y adquisiciones), los márgenes sobre ventas y las razones de utilidad respecto a los activos totales (ROE) deben ser mayores al promedio de la industria o sector.
3. **Liderazgo de mercado:** en su industria o sector y sobre todo si lo son a nivel mundial.
4. **Sin deuda en exceso:** el 80% de las empresas que quiebran en el mundo es porque tienen una deuda en exceso.
5. **Preferente política de dividendos o recompra de acciones:** aunque no es un requisito forzoso, preferimos empresas que tienen

una política atractiva de reparto de utilidades a través de pagos de dividendos o que llevan a cabo recompra de sus acciones.

6. **Buena dirección:** que sus principales directores sean reconocidos por trayectorias exitosas. Esto se reflexionó con mayor detalle en el capítulo anterior.

Difícil no ser optimista cuando en el proceso de selección de emisoras disminuyes riesgos de carácter fundamental utilizando este tipo de filtros y sabes que eres dueño de empresas extraordinarias.

Ser dueño de compañías líderes genera optimismo, sobre todo cuando entiendes las implicaciones y el porqué de su importancia. El dominio del mercado es un factor crucial en el éxito de cualquier negocio. Se refiere a la capacidad de una empresa para controlar una parte significativa de la cuota de mercado en una industria o segmento en particular y le da a una empresa el poder de influir en las tendencias del mercado, establecer precios y dictar los términos de intercambio. Entre las consecuencias para una empresa que domina su mercado destacan:

1. **Aumento de la rentabilidad:** permite el poder de controlar los precios, lo que conduce a una mayor rentabilidad. Cuando una empresa tiene una posición dominante, puede fijar precios más altos que sus competidores, sin temor a perder clientes. Esto se debe a que estos tienen opciones limitadas para elegir y la empresa dominante ya ha establecido una fuerte imagen de marca.
2. **Ventaja competitiva sobre sus rivales:** puede invertir en investigación y desarrollo, marketing y otras áreas que pueden ayudarla a mantener su posición dominante.
3. **Reconocimiento de marca:** se traduce en mayor lealtad del cliente. Los clientes tienden a asociar una empresa dominante con la calidad, la fiabilidad y la innovación. Esto facilita a la empresa el lanzamiento de nuevos productos o servicios, ya que es más probable que los clientes confíen y compren a la marca dominante.
4. **Barreras de entrada para nuevos competidores:** la empresa dominante ya estableció una imagen sólida de marca, una red de distribución y una base de clientes. A los nuevos participantes les resultará difícil competir con ella, ya que tendrán que invertir mucho en marketing y otras áreas para establecer su marca.

5. **Permanencia:** nada garantiza la permanencia en el liderazgo de mercado de una empresa y, si bien la pérdida de este no es inmediata sino gradual, los expertos en estos temas identifican distintos aspectos clave para mantener el dominio de mercado: 1) la sostenibilidad y la responsabilidad social se convertirán en factores cada vez más importantes. A medida que los consumidores se vuelven más conscientes del impacto que las empresas tienen en el medio ambiente y la sociedad, es más probable que apoyen a aquellas que priorizan la sostenibilidad y la responsabilidad social; 2) Las tecnologías disruptivas continuarán siendo indispensables en cualquier competencia: por ello la importancia, el auge y el enorme potencial de la llamada Inteligencia Artificial (IA); y 3) La colaboración y las asociaciones serán más importantes para las organizaciones que buscan mantener su dominio. A medida que el panorama empresarial se vuelve más complejo y competitivo, las empresas deberán trabajar juntas para mantenerse a la vanguardia.

OPTIMISMO POR EL VERDADERO VALOR

Lo peor de la ignorancia es que, a medida que se prolonga, adquiere confianza.

Anónimo

Seguramente, en algún momento usted ha experimentado la satisfacción de haber adquirido algo a un precio menor a su valor, aunque también pudo sentir malestar si supo que lo adquirió por arriba de este (una casa, un auto, un refrigerador, etc.). En ambos casos, la clave fue el conocimiento del valor del producto adquirido. En su condición de empresario en Bolsa no es diferente. Es indispensable que usted sepa cuánto es el valor de las empresas de las que es dueño, en el entendido de que este no siempre es igual al precio que se paga en el mercado por ellas.

Sobre los precios objetivos: el valor de una empresa se determina a través de un análisis financiero llamado precisamente valuación. Existen distintas metodologías de valuación que se traducen en los llamados precios objetivos.

No deja de sorprenderme la cantidad de participantes que desconocen el precio objetivo de sus empresas y lo descalifican sin entenderlo o saber cómo se determina. Entonces, ¿cómo eligen las empresas de las que son dueños? ¿Por el movimiento del precio? ¿Por un rumor o una noticia? ¿Conoces realmente el impacto de la noticia en su valor? «Bueno, Carlos, ya sabes, uno tiene experiencia». ¿Qué?

La gran mayoría de los precios objetivos que determinamos en los equipos de investigación y análisis que tuve a mi cargo como director de Estrategia por muchos años (GBM, Santander, Ixe, BX+) se alcanzaron en el tiempo. La razón: los modelos y los supuestos conservadores en que se basaron funcionaron y sucedieron, ya que a mayor o menor tiempo el mercado recobró cordura, reconoció el valor de las empresas y premió a los pacientes. En esta nota un extracto del capítulo «Defendiendo el precio objetivo» que publiqué en el libro *Además, soy empresario en Bolsa* de la colección de la Biblioteca SNX-Actinver.

¿Cuál es su método de valuación?

Existen gran cantidad de técnicas y métodos disponibles para valuar empresas, desde los más simples, como las comparaciones de indicadores financieros (ventas, utilidades, múltiplos, etc.), hasta los más sofisticados como el Fllujo de Efectivo Descontado a Valor Presente (*Discounted Cash Flow*) que involucra además de estimaciones de resultados por varios años, la determinación de una tasa de descuento que incorpora variables como tasa libre de riesgo, premio de mercado, betas, perpetuidades, riesgo, país, etc.

La pregunta es: ¿cuál conviene utilizar? Desafortunadamente, no existe un «solo método más adecuado». Cada acción de empresas que cotizan en el mercado es diferente, cada sector e industria a la que pertenece tiene características propias y específicas que la hacen requerir métodos de valuación específicos. Los métodos de valuación normalmente se dividen en dos categorías: 1) Modelos de Valuación Absoluta y 2) Modelos de Valuación Relativa. ¿Usted cuál utiliza? ¿Las emisoras de su portafolio en qué modelo se fundamentan? En la hoja siguiente describo algunos. En SNX preferimos el método de Descuento de Flujo de Efectivo Libre (DCF), ya que nos permite atender un escenario de mayor número de años para determinar el valor de la empresa. El flujo de efectivo libre es una variable mucho más representativa de la calidad y potencial de negocio de cualquier empresa. Los múltiplos como el P/U, por ejemplo, tienen dos inconvenientes importantes: 1) cuando se utilizan estimados, solo tienen un plazo de 12 meses. Si en ese periodo la empresa realiza inversiones y no genera utilidad, su interpretación puede engañar; y 2) la utilidad neta de una empresa puede ser poco representativa de la verdadera condición de una empresa, pues incorpora muchos conceptos «virtuales» y distintos a la naturaleza del negocio.

A continuación, un comentario breve sobre distintas metodologías de valuación de empresas:

Valuación absoluta: estos modelos intentan encontrar el valor intrínseco o «verdadero» a partir de fundamentos como los dividendos, flujo de efectivo y la tasa de crecimiento. En esta categoría se incluyen: 1) Modelo de Descuento de Dividendo (*Dividend Discount Model*); 2) Modelo de Flujo de Caja Descontado (*Discounted Cash Flow Model*); 3) Modelos de ingreso residual (*Residual Income Model*); y 4) Modelos Basados en Activos (*Asset-Based Models*).

Valuación relativa: estos modelos operan mediante la comparación de la empresa en cuestión a otras empresas similares o con referencias históricas propias. Estos métodos generalmente involucran cálculo de múltiplos o las proporciones en categorías de: 1) enfoque a utilidades o resultados, como el múltiplo precio a utilidad (P/U), el Valor de la Firma versus Resultados Operativos sin Depreciaciones (FV/Ebitda); y 2) Enfoque al valor de activos, inversiones («fierros») como el P/VL o VM/VS, etc.

(...) En la práctica, los analistas y estrategias especializados en conocer, entender y estimar los resultados y valuaciones de las empresas en Bolsa traducen los mejores modelos en precios objetivos. La reputación y prestigio de los analistas depende de su acierto. En un mercado tan competitivo, los analistas buscan destacar a partir de buenos pronósticos. Usted, como no especialista, no está obligado a conocer, entender a la perfección y revisar periódicamente dichas valuaciones. Sin embargo, sí es responsable de saber las bases y argumentos que justifican los precios objetivos.

Cuando se eligen empresas para ser dueño en Bolsa, se deben utilizar los precios objetivos actualizados de un consenso de analistas reconocidos. Así, su decisión se respalda en los mejores modelos de valuación que un experto llevó a cabo. Puede o no estar de acuerdo con el precio objetivo y es cuando el reto del entendimiento crece, pero lo importante es que sus decisiones sean soportadas por elementos de carácter fundamental, y no por un argumento poco sólido que intente hacer ganar dinero «fácil» (rápido).

Cuando sé que el valor de la acción o de la empresa de la que soy dueño es atractivamente superior (+15%) al precio que cotiza en el mercado, mi optimismo se fortalece.

OPTIMISMO POR DIVERSIFICACIÓN

Los seres humanos carecemos de buenos espejos.
Es muy difícil para cualquiera mostrarnos cómo se nos ve,
y para nosotros mostrar a cualquiera cómo nos sentimos.

John Green (*Ciudades de papel*)

EL ESPEJO

Habiendo leído ya los capítulos anteriores, considere por favor la siguiente imagen: una persona que es empresaria. Pero su condición de empresaria no se limita a ser dueña de una sola empresa sino de varias. Además, no se trata de cualquier tipo, resulta que son compañías líderes a nivel mundial (ya hablamos de la importancia del liderazgo en el capítulo «Optimismo por liderazgo»). Por si fuera poco, estas participan en distintos sectores: salud, tecnología, consumo, entretenimiento, construcción, viajes, etc. ¡Guau!

Una condición como la descrita resulta envidiable. Pues bien, lo mejor de esta imagen es que la puede encontrar en un espejo, porque se trata de usted. Cuando el mercado accionario se encuentra en un ciclo de baja (como en el 2002), se corre el riesgo de dejar de ver dicha realidad, de que el espejo se empañe por una baja temporal de precios en las acciones. Pero es importantísimo entender siempre el verdadero significado de lo que representa ser un empresario en Bolsa y tener presente los distintos factores que soportan su optimismo.

DIVERSIFICACIÓN: SENTIDO COMÚN

Durante el desarrollo de este libro, en una reunión con amigos comentábamos temas relacionados con estrategias de inversión y de la importancia de estar diversificado. Al hablar de la inversión bursátil, la mayoría considera esta alternativa como una sola categoría. Las personas dicen: «Tiene una inversión en Bolsa».

Participar en el mercado accionario a través de un portafolio diversificado en emisores y sectores implica un nivel de diversificación superior y, en consecuencia, un nivel de oportunidad extraordinario en escenarios de mayor plazo.

Como describí al inicio del capítulo, podemos ser dueños de empresas globales en distintos sectores, presentes en diversos países y que operan con diferentes monedas. Capaces de reaccionar ante escenarios adversos (lo vemos en las crisis) y que buscan también diversificarse de diferentes maneras (segmentos de clientes, productos, proveedores, distribuidores, etc.).

Cuando busco la mejor manera de invertir, difícilmente encuentro algo que me haga sentir más cómodo y convencido que ser empresario diversificado. Una condición para cualquier edad y profesión.

OPTIMISMO DE INICIO DE AÑO

En enero, vístete con tu mejor actitud
y prepárate para un gran comienzo.

Anónimo

EL INDICADOR DE ENERO

La variable de mayor atención en el 2023 en EUA fue la inflación. La historia del 2023 cambió al inicio del 2024 hacia qué tan rápido puede enfriarse la inflación y cuánto enfriamiento será suficiente para que la Reserva Federal de Estados Unidos (FED) detenga el aumento de las tasas de interés. Al inicio del 2025, con la llegada de Donald Trump a la presidencia de Estados Unidos y sus iniciativas de aplicar varios aranceles a distintos países (guerra comercial), recortes gubernamentales, combate a migrantes (encarecimiento de mano de obra en EUA), combate al narcotráfico, entre otras medidas, regresaron los temores de una mayor inflación y peligro en el desarrollo económico

La inflación al consumidor al inicio del 2025 rondaba cerca de 3.0%, una baja significativa desde los niveles de 9.2% de julio del 2022.

Pero la FED buscaba más evidencia de que la inflación no aumentaría por las iniciativas ya señaladas del presidente Donald Trump, antes de seguir disminuyendo tasas de interés. La Reserva Federal de EUA (FED)

venía de tres disminuciones consecutivas de estas que llevaron su tasa de interés de referencia de 5.5% a 4.5%.

¡CUIDADO CON LA BÚSQUEDA DEL MOMENTO IDEAL!

Desafortunadamente, muchos participantes con poca experiencia toman malas decisiones en periodos de baja de precios de acciones en el mercado accionario o alta volatilidad. Como resultado del difícil año 2022, muchos inversionistas se retiraron de las acciones de EUA en mayor proporción que en cualquier momento desde 2005 (esto se relaciona mucho con nuestra psicología: las personas se preocupan más por «perder» que por ganar dinero), y se perdieron de un avance mayor en 2023 y 2024 que llevó al índice S&P 500 a nuevos máximos al inicio de febrero del 2025. Al mismo tiempo, el mercado de dinero (tasas de interés) ofrecía en ese momento un rendimiento mejor que el de dividendos del S&P 500. Esto representaba una aparente buena alternativa, pero no reemplaza el largo plazo.

El crecimiento a largo plazo solo puede lograrse en los mercados de valores (acciones). Si bien las tasas de interés a corto plazo pueden ser atractivas, difícilmente serán mayores a la inflación. Muchos inversionistas piensan que van a aprovechar tasas altas un tiempo, hasta que puedan esperar a que pase la recesión potencial y luego volver a comprar acciones cuando el mercado se haya «estabilizado». En realidad, fui testigo infinidad de veces de que la sincronización del mercado rara vez funciona y es muy difícil para los participantes individuales eliminar la emoción de la toma de decisiones cuando el mercado está cayendo. Esto conduce a menudo a resultados inferiores a largo plazo, en comparación con lo que habrían sido si hubiesen seguido invertidos.

ATENCIÓN CON LAS COMBINACIONES AL INICIO DE AÑO

La Bolsa en EUA terminó el 2022 con las últimas cuatro semanas del año a la baja, pero enero comenzó de manera muy diferente. El «repunte de Santa Claus», que se refiere a la tendencia del mercado de valores en las últimas cinco sesiones de negociación de un año calendario y las dos primeras del siguiente, logró una ganancia de 1.4%. En los años 2023 y 2024 no hubo «repunte de Santa Claus», pero los meses de enero de esos dos años y los del 2025 fueron positivos. La estadística indica que cuando el mercado termina positivo en enero, termina el año más alto en 70% de las veces.

La tabla en el siguiente apartado muestra que las últimas nueve veces que ha habido un repunte positivo del llamado «repunte de Santa Claus», sumado a resultados también positivos durante los primeros cinco días de negociación del año, más el mes de enero terminando igualmente positivo, combinado con un año anterior negativo, el rendimiento promedio para el año ha sido de 27.1% Recuerde que los rendimientos pasados no son garantía de rendimientos futuros, pero es posible que no se justifique el sentimiento tan negativo que prevaleció en el mercado el año pasado.

ALENTADORA COMBINACIÓN

Esta tabla es solo un indicador, pero es claramente una señal que no debemos ignorar en el futuro cuando se repita. La FED reconoció a finales del 2024 que las presiones sobre los precios estaban disminuyendo de manera amplia. La implicación es que esta institución no necesita mantener una política tan estricta como la que tenía al inicio del 2024 cuando escribía estas líneas.

Estoy plenamente convencido de que antes de invertir en el mercado, los participantes no deben esperar una señal clara de que todo está mejor, pues perderán oportunidades. ¡El mercado siempre se anticipa! Lo documento más a detalle en el capítulo «Optimismo adelantado».

Como en otros libros y notas que publico, las tablas y gráficas que comparto son útiles por su significado y contundencia estadística independientemente de lo actualizadas que puedan estar. Contienen suficiente información para validar los textos y no requieren su actualización, pues si ello fuera indispensable, los conceptos dejarían de ser válidos de inmediato, ya que los mercados, los precios y los datos económicos suceden todos los días.

Estadísticas en coincidencias S&P 500

AÑO	RALLY SANTA*	PRIMEROS 5 DÍAS	VAR% ENERO	VAR% AÑO PREVIO	VAR% AÑO SIGUIENTE**
1954	0.5%	1.7%	5.1%	-6.6%	45.0%
1958	2.5%	3.5%	4.3%	-14.3%	38.1%
1961	1.2%	1.7%	6.3%	-3.0%	23.1%
1963	2.0%	1.7%	4.9%	-11.8%	18.9%
1971	0.0%	1.9%	4.2%	-0.1%	10.8%
1975	2.2%	7.2%	12.3%	-29.7%	31.5%
1995	0.3%	0.2%	2.4%	-1.5%	34.1%
2012	1.8%	1.9%	4.4%	0.0%	13.4%
2019	2.7%	1.3%	7.9%	-6.2%	28.9%
2023	1.4%	0.8%	3.2%	-19.4%	12.0%
Promedio					**27.1%**
Mediana					**28.9%**

Fuente: Carson Investment Research.

*Rally Santa: últimos cinco días de operación del fin de año y primeros dos del que inicia.

** 2024 Acumulado hasta el mes de junio.

OPTIMISMO TÉCNICO

Una imagen vale más que mil palabras.

Refrán popular

OTRA EVIDENCIA HISTÓRICA

El índice S&P 500 mostró otra señal alcista que sugería que la baja había terminado hacia finales de 2023. El alza en aquella fecha llevó al índice bursátil a cotizar por encima de su promedio móvil (PM) de 200 días por más de 18 días después de una caída de más de 20.00%. Esto ha sucedido únicamente en 11 ocasiones en la historia del mercado (ver tabla siguiente) y en todas ellas tal fortaleza propició una tendencia alcista continua. Ningún mercado bajista anterior del S&P 500 en la historia ha alcanzado un nuevo mínimo después de cerrar 18 veces consecutivas por encima de dicho indicador. Analizando el S&P 500 desde 1950, la firma SentimentTrader encontró esta interesante estadística con los siguientes resultados:

- El S&P 500 sube tres, seis y 12 meses, después el 100% del tiempo, con ganancia media de 6.3%, 11.1% y 19.9% cada una.
- El S&P 500 sube uno y dos meses, después 91% y 82% del tiempo, respectivamente.
- El S&P 500 nunca hizo nuevos mínimos (nunca miró hacia atrás después de que se activara tal señal).

Las tres veces anteriores en que el S&P 500 generó esta señal alcista fue en julio de 2020, agosto de 2009 y mayo de 2003, todas fechas que finalmente resultaron ser un buen momento para comprar acciones. Aunque estas estadísticas no son garantías, la historia es muy «fuerte» como para calificarla de casualidad.

S&P 500: movimiento cuando supera promedio móvil de 200 días luego de una baja de más de 20%

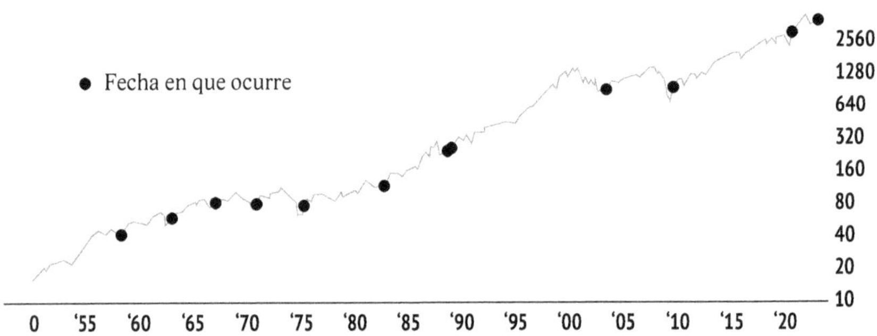

Fecha Señal	1 semana después	2 semanas después	1 mes después	2 meses después	3 meses después	6 meses después	12 meses después
1958-05-13	0.0	0.4	2.6	3.5	9.4	21.5	33.8
1962-12-18	1.5	2.7	5.0	7.2	6.3	12.9	19.9
1967-02-03	0.1	0.6	0.9	3.0	8.1	9.7	5.2
1970-10-16	-0.6	-1.2	-1.2	6.5	10.8	23.4	16.0
1975-02-26	3-1	4.0	4.3	7.3	11.6	4.5	26.5
1982-09-16	0.0	-2.7	7.9	10.7	9.3	21.0	33.6
1988-07-01	-0.5	-0.5	0.1	-3.8	0.0	2.2	17.0
1988-09-28	1.0	1.8	3.0	-0.2	3.0	8.7	28.3
2003-05-13	-2.4	1.2	6.0	6.5	5.1	11.1	16.4
2009-08-05	0.3	-0.6	0.1	3.8	4.3	6.0	12.3
2020-07-23	0.3	3.5	5.0	2.5	6.2	18.7	36.3
2023-02-14							
Mediana	**0.1**	**0.6**	**3.0**	**3.8**	**6.3**	**11.1**	**19.9**
%positivo	**64%**	**64%**	**91%**	**82%**	**100%**	**100%**	**100%**
Avg Max Loss	-0.6	-1.1	-1.1	-1.8	-1.8	-1.8	-1.8
Avg Max Gain	0.8	1.2	5.0	7.1	9.5	14.7	24.3
Z-Score	-0.1	0.4	2.7	1.9	3.8	3.0	3.6

© SentimentTrader

Los números son variaciones porcentuales después de la señal de cruce por arriba del promedio móvil de 200 días; Avg Max Loss = Promedio de pérdida máxima; Avg Max Gain = Promedio de ganancia máxima; Z-Score +/- 2 cambios significativos.

OPTIMISMO POR MESES DE ALZA

Las casualidades no existen, son causalidades.

Anónimo

Desde octubre del 2023, el mercado accionario en EUA había superado cualquier preocupación (inflación, tasas de interés, guerras, recesión, reportes corporativos, etc.) y todo apuntaba a que terminaría un quinto mes al alza (marzo de 2024). ¡Así fue! Durante un plazo relativamente corto, el S&P 500 había subido 25% (dólares), lo que llevó a los inversionistas a preguntarse si el mercado se había movido demasiado fuerte y rápido. La historia, sin ser garantía, como ya he dicho, nos puede dar un indicio una vez más a aquellos que cuestionan el potencial de tendencia del mercado bursátil estadounidense.

Desde 1950, ha habido 30 rachas de cinco meses en el S&P 500, incluida la de inicios del 2024, junto con otra que había terminado en julio de 2023. En todos, menos dos de los 28 casos anteriores, es decir, en 93% de las veces, el S&P 500 subió 12 meses después, con una ganancia promedio del 12.5%. Esto se compara con un rendimiento promedio de 9.0% a un año con una tasa de ganancias de 74%.

Esta estadística favorable coincide también con la tendencia alcista que suele presentarse después de un rompimiento de máximos luego de un año de no suceder. Ocurrió el 19 de enero del 2024 (el S&P 500 alcanzó

4,798 puntos después de dos años). El 93% de las veces, el S&P 500 aumenta en promedio 14.0% (dólares) en los siguientes 12 meses.

La tabla anterior muestra la estadística meses después de los cinco meses consecutivos de alza. Aunque la ventaja alcista disminuye en plazos más cortos, lo más importante es que no desaparece.

En el mes de abril del 2024, el S&P 500 corrigió luego de los cinco meses consecutivos, pero no cambió su tendencia alcista.

S&P 500 luego de cinco meses de alza

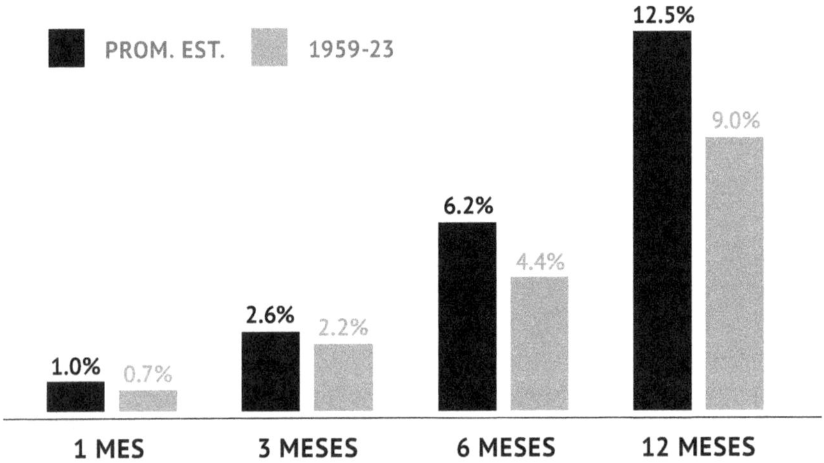

Fuente: Bloomberg.

OPTIMISMO DEPORTIVO

En la vida, como en el futbol americano, no llegarás lejos si no sabes dónde están los postes.

Arnold H. Glasglow

El indicador del Super Bowl (final del campeonato del futbol americano en EUA) sugiere que el campeonato anual de la NFL (la liga profesional de futbol americano de ese país) proporciona un pronóstico para el desempeño del mercado de valores del año en curso. Si el equipo de la Conferencia Nacional de Futbol (NFC) gana, se espera que los mercados registren ganancias, mientras que una victoria de la Conferencia de Futbol Americano (AFC) presagia una caída del mercado.

Aunque el indicador tiene una tasa de éxito superior a 70% desde el primer Super Bowl, la aparente correlación entre los resultados de este evento y los mercados es una coincidencia más que un hecho científico.

De hecho, la confiabilidad del indicador durante las últimas décadas no ha sido tan impresionante. El domingo 11 de febrero de 2024 se celebró el Super Bowl LVIII en la ciudad de Las Vegas. Los Jefes de Kansas City se enfrentaron a los 49's de San Francisco. En tiempo extra (la segunda vez que sucede en este evento), Kansas City ganó el campeonato. Los Jefes pertenecen a la Conferencia Nacional, así que no había manera de no estar con ellos, pues su victoria era un buen augurio. El mercado tenía una probabilidad muy alta de seguir avanzando este año, no por los Jefes, sino por muchos otros fundamentos que se desarrollaban en el 2024, como la fortaleza económica de EUA y el entusiasmo por la IA. El 2024 terminó siendo un segundo año ganador con un avance de más de 22% en el S&P 500. En el Super Bowl LIX, en febrero del 2025, los Jefes de Kansas City regresaron a la final, pero perdieron vs. las Águilas de Filadelfia, una buena señal para el mercado aunque poco o nada útil como ya comentamos.

Como empresario en Bolsa es bueno saber todo lo que sucede en torno a nuestra actividad, incluso estos indicadores que, sin ningún valor predictivo verdadero, no dejan de llamar la atención.

Historia: Leonard Koppett, periodista deportivo del *New York Times*, presentó por primera vez el indicador del Super Bowl en 1978. Hasta ese momento, ese indicador nunca se había equivocado. Hasta 2023, el indicador ha sido correcto 41 de 57 veces (72% de acierto). Sin embargo, en los últimos 20 Super Bowls (de 2004 a 2023), solo ha acertado seis veces (30%).

Realidades: el indicador del Super Bowl es, por tanto, un ejemplo de redacción deportiva puramente divertida y no un predictor real del mercado. No existe una conexión real entre un equipo de futbol de una liga particular y el mercado de valores estadounidense. Por lo tanto, cualquier relación que pueda establecerse entre los dos es pura coincidencia. Lo que comenzó como una columna interesante hace muchas décadas continúa apareciendo en un nuevo titular al menos una vez al año.

OPTIMISMO POR TASAS DE INTERÉS

Invertir en conocimiento produce siempre los mejores intereses.

Benjamín Franklin

Algunas variables suelen tener una correlación temporal importante con el comportamiento del mercado accionario de EUA, pero no de manera permanente. No obstante, durante más de 37 años trabajando en este medio, he visto dos variables de importante correlación. Aunque, como ya dije, dicha correlación se puede ver interrumpida por la presencia de alguna otra variable o evento como un indicador económico, un suceso geopolítico (guerra), una pandemia (como el caso del COVID en 2020), un evento disruptivo (nueva tecnología como la IA), un contexto político (años electorales), etc. Las dos variables de mayor correlación a mayor plazo con el comportamiento del mercado accionario que he atestiguado son las siguientes:

Información financiera corporativa: como vimos en el capítulo «Optimismo por conocimiento», a través de los años, los buenos resultados de las empresas traducidos en una constante mayor generación de flujo de efectivo, ventas y utilidades se reflejan en los precios de las acciones. Sin minimizar la importancia de otras variables que influyen en el ánimo de los inversionistas, en nuestra condición como empresarios en Bolsa, el factor que debemos atender con mayor atención es el desarrollo y perspectivas de las compañías de las que somos dueños. A mayor plazo, el mercado siempre reconoce los buenos fundamentos de una empresa.

Tasas de interés: el comportamiento de las tasas de interés juega un papel muy importante, sobre todo en la valuación de una empresa. La gráfica que aparece en la página 86 compara el comportamiento del índice S&P 500 versus el Bono del Tesoro a diez años de EUA durante el 2023. Vea usted en esta gráfica la absoluta correlación inversa que existe entre ambas variables.

Cuando las tasas de interés suben, las acciones bajan y cuando las tasas de interés bajan, las acciones suben. La explicación de dicha correlación inversa es entendida por muchos por el hecho de que, al subir la tasa de interés, resulta más atractivo participar de un instrumento de bono que paga una tasa fija mayor y, por ello, muchos migran de acciones a bonos (venden acciones y compran bonos). De manera contraria, si las tasas bajan, la percepción de un menor rendimiento invita a considerar un «riesgo mayor» y compran acciones.

El razonamiento es lógico y explica parte de la correlación inversa. Sin embargo, la verdadera correlación inversa entre tasas de interés y acciones tiene que ver con la valuación de las empresas.

En el capítulo «Optimismo por el verdadero valor» explicamos las diferencias entre el precio de una acción y su verdadero valor, siendo este último uno de los factores más importantes al decidir de qué empresa quiero ser dueño.

Para determinar el valor de una compañía existen diferentes métodos. Uno de los más reconocidos entre analistas y estrategas internacionales es el llamado Descuento de Flujo de Efectivo (DCF, del inglés *Discounted Cash Flow*). Este método consiste en estimar la generación libre de flujo de efectivo de una empresa en varios de los siguientes años para después traer a valor presente cada uno de los flujos de efectivo estimados.

Como he comentado, cuando usted decide ser dueño de una empresa en el mercado accionario no lo hace por lo que es hoy, sino por el potencial que tiene a futuro. Por esta razón, se estiman flujos de efectivo para varios años a futuro y no únicamente para un año —por cierto, esta es una razón fundamental por la que no soy tan partidario del uso de múltiplos como el Precio/Utilidad (P/U), pues en el mejor de los casos se utilizan los estimados únicamente para 12 meses, que es un periodo muy corto para un empresario, y porque la utilidad neta no es tan representativa o «verdadera» como la generación de flujo de efectivo, y suele verse contaminada por «partidas extraordinarias» y otras de carácter contable virtual que no necesariamente implican generación de dinero o valor para el accionista.

Para llevar los flujos de efectivo a valor presente se utiliza una tasa de descuento llamada «WACC» (*Weighted Average Cost of Capital*) o Costo de Capital Promedio Ponderado (no hago esto muy complicado, pues mi objetivo es hacerle ver lo que sucede cuando bajan las tasas de interés en la valuación de una empresa y no detallar la manera de valuación de esta metodología que sí puede consultar en otros libros de la Biblioteca SNX-Actinver).

La tasa WACC se construye a partir de la tasa de interés de los Bonos del Tesoro a primeros años en EUA. Cuando la tasa de interés sube, sube el WACC y el valor presente de los flujos es menor. Cuando baja la tasa de interés y el WACC, el valor presente de los flujos es mayor.

Como empresario en Bolsa, busco siempre que el valor presente de mis empresas sea mayor a su precio de mercado. Las valuaciones de las empresas por acción son llamadas también «precios objetivo», que representan el pronóstico del precio que pueda alcanzar una acción en los siguientes 12 a 18 meses.

COMIENZA UN CICLO DE BAJA TASAS DE INTERÉS

Después de que la Reserva Federal de EUA (FED) decidiera comenzar a subir las tasas de interés desde el 2018, se presumía que sería hacia mediados o finales del 2024 que comenzaría un ciclo de baja (esta percepción cambió a lo largo de los meses, pues la inflación ya no disminuía tanto).

Era poco importante detenerse a debatir el momento y la magnitud de las bajas de las tasas de interés. Lo importante es que comenzarían a bajar y que, como expliqué, eso favorecería al alza del precio de las acciones.

El optimismo permanente es aún mayor en los ciclos de baja de tasa. Téngalo siempre en mente.

2023: Bonos del Tesoro a 10 años versus S&P 500

Fuente: Bloomberg.

NUNCA HA HABIDO RECESIÓN CON TASAS REALES NEGATIVAS

Otro motivo de optimismo asociado con las tasas de interés sucede al analizar las tasas reales. Durante el ciclo de recuperación bursátil del 2023, los más pesimistas en el mercado accionario de EUA insistían en que el alza (recuperación) era insostenible pues, históricamente, el índice S&P 500 nunca ha «tocado fondo» previo a una recesión (asumían que habría recesión desde varios meses antes). No obstante, la historia demuestra también que nunca ha habido una recesión en EUA cuando las tasas reales de interés son negativas (inflación mayor al rendimiento de la tasa de interés, como sucedía en ese momento).

Anatole Kaletsky, presidente y economista de Gavekal Research, publicó en el 2023 un documento señalando que cualquier contracción económica en EUA sería «tremendamente positiva», ya que ayudaría a reducir rápidamente la inflación y permitiría que la FED comenzara a recortar las tasas de interés para el verano. Esto, a su vez, provocaría un repunte tanto en los bonos como en las acciones al nivel que disfrutaban antes de que Rusia invadiera Ucrania.

Sin embargo, consideraba que una recesión en EUA en los próximos meses era inconcebible y, en todo caso, era más probable que la economía se acelerara más adelante en 2023. Aquí las nueve razones que expuso Kaletsky.

Nunca ha habido recesión con tasas reales negativas
(áreas en gris indican recesiones en EUA)

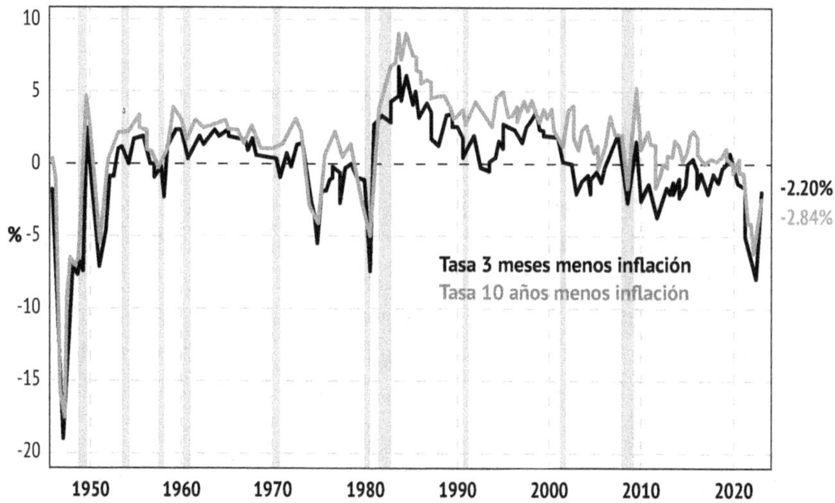

Fuente: Gavekal Research/Macrobond.

1. En la era de la posguerra, una recesión en EUA nunca ha comenzado con tasas de interés reales negativas a lo largo de la curva de rendimiento. Visto de esta manera, el endurecimiento monetario actual es, en realidad, el más suave en cualquier ciclo desde la década de 1950.
2. Las tasas reales a largo plazo seguirán siendo negativas incluso después de llegar a 5.00%, pues la curva de rendimiento en EUA está invertida y eso no sucederá pronto.
3. La inversión de la curva no es un indicador de recesión útil. La curva inversa precedió todas las recesiones de EUA desde 1970, pero hubo varias predicciones falsas o muy prematuras (en 1966, 1978, 2006 y 2019).
4. El mercado laboral de EUA es demasiado fuerte para una recesión.
5. El ingreso real agregado ha crecido, incluso cuando los salarios reales promedio han caído. Eso se debe a que el crecimiento rápido

del empleo ha compensado con creces la disminución de los salarios reales.

6. El crecimiento de los salarios reales pronto se volverá positivo. Con el mercado laboral muy ajustado, las ganancias salariales avanzarán más de 5% en los próximos meses, mientras que la inflación deberá disminuir por debajo de 5%, a menos que haya otro *shock* petrolero.
7. El ahorro personal está muy por encima del promedio, gracias a los apoyos de gobierno por COVID y los recortes en consumo durante el confinamiento. El ahorro está entre 5% y 12% del consumo de los hogares.
8. La vivienda se está estabilizando. La tasa hipotecaria a 30 años de hoy es más baja que en cualquier otro momento de la historia de EUA antes de la burbuja inmobiliaria de 2004 a 2007.
9. La actividad se desplaza de bienes a servicios. Las pérdidas en fabricación se compensan con ganancias en los sectores de servicios mucho más grandes. El resultado neto es que la economía sigue creciendo.

Finalmente, las tasas de interés de la FED no comenzaron a bajar hasta septiembre del 2024 y se detuvieron al inicio de 2025; pero lo importante es entender la correlación inversa del mercado accionario con las tasas de interés y la alta probabilidad de que sigan bajando desde los niveles máximos de 5.5% que alcanzaron en 2024 y que al inicio del 2025 habían descendido a 4.5%.

OPTIMISMO ADELANTADO

La vida es dos pasos para adelante y uno para atrás.

Oriol Bohigas

Si los precios de las acciones solo subieran después de recibir o al confirmarse buenas noticias, invertir sería bastante fácil. Desafortunadamente, no es así como funciona. Como vimos en el capítulo anterior, «Optimismo por tasas de interés», una acción debería reflejar el valor presente de todos los flujos de efectivo futuros que se espera que realice la empresa emisora. A medida que pasa el tiempo, esas expectativas evolucionan y mejoran y por ello las acciones siguen avanzando.

CICLO DE MERCADO VERSUS CICLO ECONÓMICO

Los mercados accionarios tradicionalmente se anticipan a los ciclos económicos. La estadística indica un periodo de seis a 12 meses de desfase entre ambos ciclos. Esto es natural pues la velocidad de compra o venta de los participantes nace de expectativas, mientras que el impacto real de la economía tarda más en conocerse a través de distintos indicadores que se publican periódicamente.

Además, muchas veces se trata de predicciones autocumplidas. Esto es, las personas anticipan y temen una recesión económica y, en consecuencia, comienzan a dejar de consumir. De esta manera, las mismas personas provocan la recesión al dejar de consumir. El desfase entre la anticipación del ciclo del mercado accionario versus el ciclo económico es de seis a 12 meses.

Michael Cembalest, presidente de mercado y estrategia de inversión de JPMorgan Asset Management, exploró esas relaciones y publicó una nota de investigación con gráficas muy útiles (se presentan adelante con el título «Mercados accionarios y ciclos económicos») que concluyen: 1) las acciones tienden a tocar fondo varios meses antes que el resto de las «víctimas» de una recesión; 2) los precios de las acciones (línea punteada) tienden a subir antes de que veamos mejoras en las ganancias, el PIB y el empleo. Dicho comportamiento ha sucedido una y otra vez.

El momento de mayor optimismo que tengo como analista, estratega e inversionista no sucede en los ciclos de prosperidad económica. Sucede en momentos difíciles en los que sé que existen mejores y mayores oportunidades para aumentar exposiciones en buenas empresas o participar en otras nuevas. Es decir, se trata de un optimismo adelantado.

Mercados accionarios y ciclos económicos

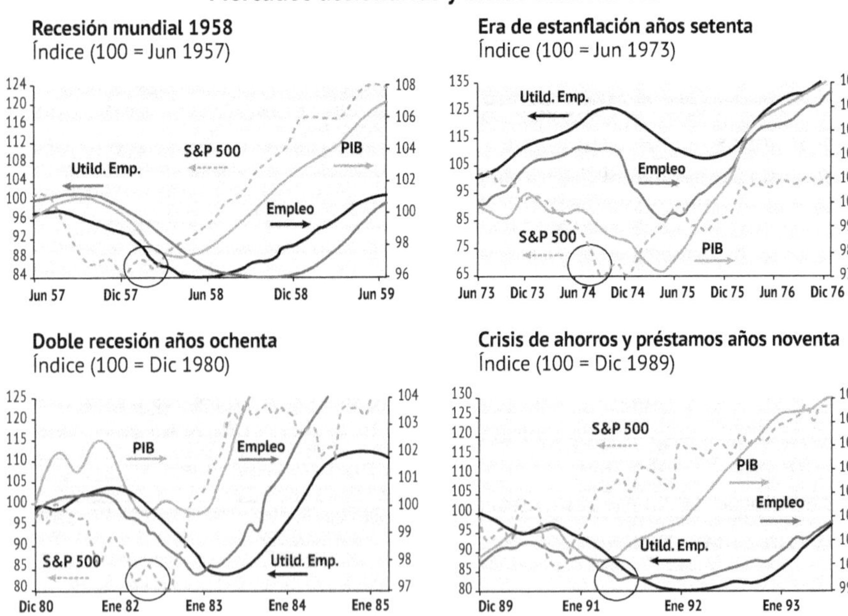

Fuente: BEA, Bloomberg, Robert J. Schiller, JPMAM 2022.

Las utilidades están representadas por la utilidad por acción promedio (UPA) del S&P 500 al 4T de cada año.

OPTIMISMO MEDIDO

Si el labrador pensara en sequía, no labraría.

Anónimo

Este es otro capítulo muy corto que documenta (mide) el poco tiempo que dura el pesimismo en el mercado. La gráfica siguiente se suma a las que vimos en los primeros capítulos y ofrece una estadística de largo plazo identificando periodos en los que el pesimismo ha predominado en el ánimo de los participantes.

La gráfica indica en la línea inferior la proporción de participantes con una visión pesimista que se registraron a partir de una encuesta periódica. Observe el relativo poco tiempo que dura el pesimismo y, sobre todo, el movimiento de alza (en duración y magnitud) que sigue a esos periodos de pesimismo. La línea superior marca el comportamiento del índice S&P 500.

El nivel de pesimismo más reciente que se registró al momento de escribir este libro fue en el año 2022, uno de los más altos. En su momento, publiqué una nota para los socios del Fondo SNX: el regreso sería fuerte, duradero y no estaba muy lejos. Así sucedió, 2023 fue un año extraordinario de alza y 2024 lo estaba haciendo hasta el inicio de abril.

El eterno optimismo que manifesté siempre ha tenido y tendrá una justificación demostrable (medible).

S&P 500 después de periodos de alto pesimismo

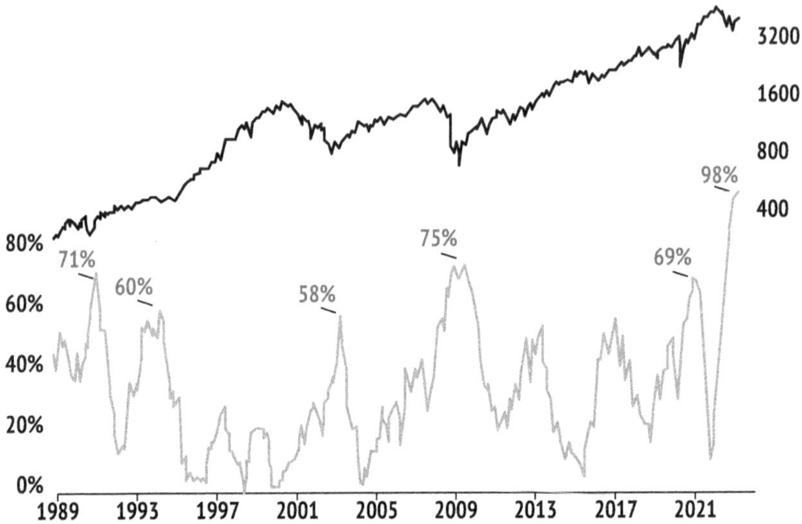

Línea superior: Índice S&P 500

Línea inferior: proporción de participantes pesimistas

Fuente: @WillieDelwiche

OPTIMISMO POR EL INTERÉS COMPUESTO

El interés compuesto es la fuerza más grande del universo.

Albert Einstein (atribuido)

Este concepto es un elemento básico para todo aquel que busca incrementar y conservar su patrimonio. Parece muy básico, pero se olvida con facilidad en épocas de volatilidad o baja de precios.

El multimillonario, estratega, filántropo y maestro Warren Buffett considera que gran parte de su éxito se lo debe a la fuerza del interés compuesto. Señala que invertir con éxito es como hacer rodar una pequeña bola de nieve por una colina muy larga: cuanto más larga es la colina, más grande es la bola de nieve.

La clave es el poder del interés compuesto, algo que Buffett suele acreditar como la fuerza impulsora detrás de su inigualable legado como inversionista. El interés compuesto describe la capacidad de ganar no solo intereses sobre el principio, sino también intereses reinvertidos sobre los intereses. Entender dicho efecto inyecta optimismo.

SU HISTORIA Y SU LEGADO

«Empezamos a hacer rodar la bola de nieve a una edad muy temprana», dijo Buffett en 1999. «El truco consiste en tener una colina muy larga, lo que significa empezar muy jóvenes o vivir... hasta ser muy viejos».

Incluso con una pequeña suma para empezar, uno puede acumular riqueza de manera significativa a lo largo de su vida. Por ejemplo, 10,000 dólares con un interés compuesto de 10% anual (promedio histórico del S&P 500) valen casi 175,000 dólares en 30 años, más de 450,000 dólares en 40 años y 1.17 millones de dólares (mdd) en 50 años.

Buffett, de 93 años, compró sus primeras acciones, Cities Service Preferred, a 38 dólares cada una, a la edad de 11 años. A los 16 años, había acumulado el equivalente a 53,000 dólares actuales. En 1965, Buffett tomó el control de la problemática empresa de fabricación textil Berkshire Hathaway y comenzó a utilizarla como *holding* para las numerosas empresas y acciones que compró durante las décadas siguientes. Hoy en día, su conglomerado posee de todo, desde BNSF Railway (el antiguo Burlington Northern Santa Fe) hasta la cadena de heladerías Dairy Queen, desde la aseguradora de automóviles Geico hasta el 6% de Apple, con un valor de mercado total superior a 900,000 mdd.

CAUSAS

«Gracias a la buena condición económica mayoritariamente favorable que históricamente ha tenido EUA y al poder del interés compuesto, el ámbito en el que operamos ha sido, y será, gratificante si se toman un par de buenas decisiones a lo largo de la vida y se evitan errores graves», escribió Buffett en su informe anual de 2023, carta a los accionistas publicada durante el desarrollo de este libro.

La fuerza del interés compuesto no era ajena para mí, pero me llamó la atención la importancia que Buffett le dio en su carta anual.

La primera vez que le comenté a Marthita (mi esposa) que el interés compuesto era la fuerza más grande del universo, dicho atribuido a Albert Einstein, respondió: «¡Están equivocados! La fuerza más grande del universo es el amor». Una vez más, tuvo razón.

OPTIMISMO ANIMAL

Un dragón nunca duerme, cierra los ojos para soñar.

Dicho popular chino

El título de este capítulo seguramente llamó su atención. ¡Qué bueno! Es lo que buscaba. En realidad, tiene que ver con el optimismo que resulta de saber nuevamente el predominio alcista de la tendencia de precios en las acciones de EUA con un enfoque distinto.

EN EL AÑO DEL DRAGÓN

El 2024 fue el año del dragón según el calendario chino. Las acciones estadounidenses han ganado en promedio 12.7% en los años del dragón desde 1871. El año del dragón suele prometer un periodo de prosperidad y fortaleza para el mercado bursátil estadounidense, lo que sugería que el repunte de inicios del 2024 continuaría, según estrategas de origen asiático. Efectivamente, el año 2024 fue favorable por segundo año consecutivo como lo han sido la mayoría de los años en la historia del mercado accionario en EUA.

Para quienes tenemos una formación (cultura) distinta, el potencial de las acciones la determinamos por otras variables (económicas y financieras). No obstante, me pareció importante hacer referencia a los comentarios que se publicaron sobre la correlación de los años del dragón chino con la Bolsa de EUA (y de los años de otros animales del zodiaco de la cultura asiática que aparece en la gráfica anexa).

Observen cómo en la gran mayoría de los años desde 1871 el comportamiento de la Bolsa es alcista con distinta proporción, sin importar el signo asociado rata, buey, conejo, cabra, mono, gallo, etc. Esta gráfica solo demuestra una vez más el absoluto predominio de las tendencias alcistas en el mercado accionario de EUA a mayor plazo.

FAVORABLE TAMBIÉN PARA EL ORO

Por cierto, el año del dragón también suele dar un impulso a la demanda de oro. La demanda de oro de China suele aumentar durante las vacaciones del año nuevo lunar, del 10 al 17 de febrero, y podría ayudar a que los precios de oro aumenten a un récord. El metal amarillo siempre se considera un signo de buena suerte en China y comúnmente se compra como regalo para las festividades, especialmente en el año del dragón. El dragón ocupa un lugar especial en la cultura china como la única criatura mítica entre los 12 animales del zodíaco y suele simbolizar fuerza, suerte y prosperidad.

S&P 500 desempeño por año en el calendario chino (desde 1871)

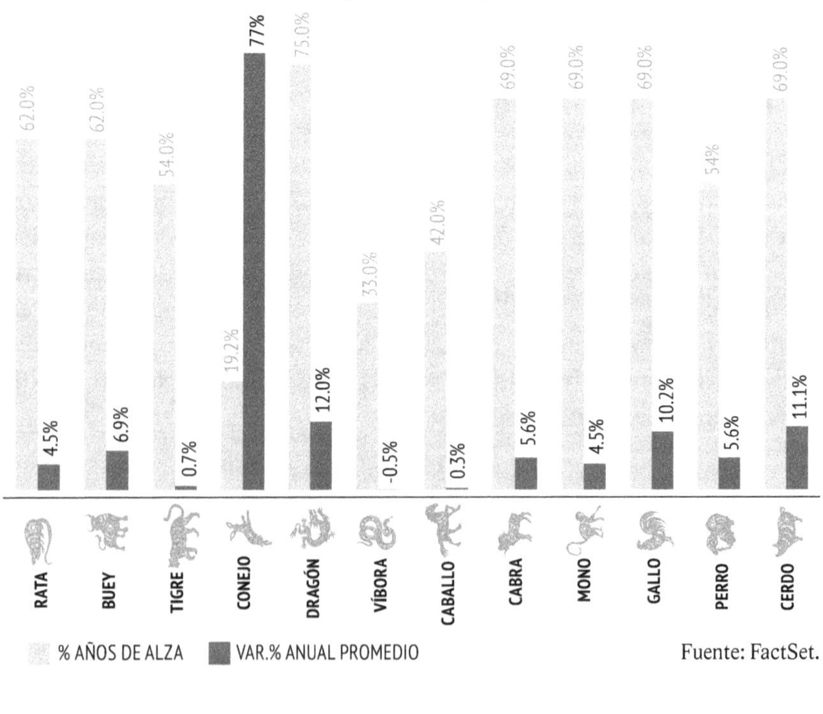

Fuente: FactSet.

OPTIMISMO NOVEDOSO

No puedo entender por qué la gente se asusta con las nuevas ideas. A mí me asustan las viejas ideas.

John Cage

William J. O'Neil, reconocido estratega e inversionista, publicó en su libro *How to make money in stocks* (*Cómo hacer dinero en acciones*) un estudio que demuestra que lo nuevo o la novedad ha sido históricamente uno de los factores más importantes para el crecimiento de los resultados financieros y precios de las acciones. O'Neil puntualiza que el concepto de novedad involucra:

1. **Nuevo producto o servicio:** su éxito genera utilidades mayores al promedio del negocio.
2. **Nueva dirección:** líder(es) que aporten nuevo entusiasmo, vigor, ideas, cambios.
3. **Nuevas condiciones en una industria:** que cambien el consumo o abastecimiento de productos, que generen aumento de precios o la introducción de una nueva tecnología.

En el estudio de la historia de las grandes empresas ganadoras del año 1880 al 2008 (128 años) en EUA, más de 95% de las acciones exitosas pertenecieron, por lo menos, a una de estas categorías de aspectos nuevos.

El mayor desarrollo de la Inteligencia Artificial (IA) en los próximos años es un claro representante de esta tendencia y, por lo tanto, la idea de poder participar como dueño (empresario en Bolsa) de algunas de estas empresas protagonistas es algo que alimenta el optimismo.

A continuación, el resumen de algunas empresas que señala O'Neil en su libro, que en su momento fueron impulsoras de la novedad con su respectivo impacto en tiempo y magnitud en el precio de sus acciones en el mercado. En promedio, el rendimiento que alcanzaron fue de 1,500% en dólares en un plazo de cinco años.

No podría asegurar que todas las empresas relacionadas con la IA ofrecerán rendimientos de 1,500% en los próximos cinco años, pero estoy seguro de que muchas de ellas contribuirán de manera importante a la construcción de patrimonio de sus accionistas y que el alza que hemos comenzado a ver en los últimos meses en sus precios es apenas el inicio.

Northern Pacific se constituyó como el primer ferrocarril transcontinental alrededor del año 1900. Los precios de sus acciones avanzaron más de 4,000% en menos de cuatro años.

General Motors inició como la empresa Buick Motor. Entre los años 1913 y 1914, la acción subió 1,368%.

La disquera RCA comenzó a capturar el mercado para la comercialización de la radio en 1926. En ese momento, la acción en el mercado tenía un precio de $50. Para junio de 1927 alcanzó $575 (1,050%).

Rexall, una empresa división de Tupperware, sorprendió con sus envases y el precio de su acción cotizó en $50 en el año de 1958, cuando venía de $16 (213%).

Thiokol desarrolló un nuevo combustible para proyectiles entre 1957 y 1959, impulsando el precio de sus acciones de $48 a $355 (640%).

Syntex mercadeó la píldora anticonceptiva oral en 1963. En seis meses, la acción pasó de $100 a $550 (450%).

McDonald´s, al desarrollar una franquicia de comida rápida a precios bajos, hizo crecer los rendimientos de sus accionistas de 1967 a 1971 en 1,100%.

Levitz, empresa de muebles, vio un aumento de 660% en 1970-1971 al ofrecer un nuevo formato de grandes tiendas de descuento para sus productos.

Houston Oil & Gas, empresa petrolera, al anunciar su nuevo y mayor campo petrolero, hizo subir sus acciones 968% en 61 semanas (1972 a 1973) y otro 367% en 1976 con el anuncio de otro descubrimiento.

Las acciones de Computervision aumentaron 1,235% de 1978 a 1980 al introducir nuevos equipos de fabricación automática (CAD-CAM).

Las de Wang Labs crecieron 1,350% de 1978 a 1980 por el desarrollo de un nuevo procesador de palabras para equipos de oficina.

En el caso de Price, aumentaron más de 15 veces (1,500%) de 1982 a 1986 con la apertura de una innovadora cadena de tiendas de membresía para artículos electrónicos y de enseres domésticos.

El laboratorio Amgen desarrolló dos nuevos y exitosos medicamentos (Epogen y Neupogen), con lo que su acción pasó de $60 en 1990 a $460 en 1992 (667%).

Cisco Systems creó enrutadores y equipo para redes de computación para habilitar compañías que pudieran enlazar otras redes geográficas dispersas. Sus acciones aumentaron cerca de 2,000% de noviembre de 1990 a marzo de 1994. En diez años (1990-2000), aumentaron una increíble proporción de 75,000%.

Game Technology avanzó 1,600% de 1991 a 1993 con el desarrollo de un nuevo microprocesador para productos de juegos de apuestas.

Microsoft creció 1,800% de marzo de 1993 a finales de 1999 como resultado de la innovación de los productos de *software* (programas) para Windows, que han dominado el mercado de computadoras personales.

PeopleSoft, empresa líder en el desarrollo de programas personales para computación, registró 20 dobletes (2,000%) en tres años y medio a partir de agosto de 1994.

Dell Computer, empresa líder e innovadora en el servicio de construcción y ventas de computadoras personales a través de órdenes directas, avanzó 1,780% de noviembre de 1996 a enero de 1999.

EMC, empresa líder en dispositivos de memoria, al aumentar las necesidades de almacenamiento de datos en redes de información, sus acciones aumentaron 478% en 15 meses desde enero de 1998.

AOL y Yahoo!, las dos empresas más importantes de internet, comenzaron a ofrecer a los consumidores nuevos portales con mayor riqueza de servicios e información. Sus acciones crecieron 500% en menos de un año.

Oracle, la compañía tecnológica de bases de datos y aplicaciones de negocios por internet, observó en el precio de sus acciones niveles de $20 hasta $90 (350%) en solamente 29 semanas desde el inicio de 1999.

Charles Schwab, la empresa número uno en operaciones de mercado, ofreció atractivos descuentos en comisiones y vio aumentar el precio de su acción en 414% en únicamente seis meses desde finales de 1998.

Monster, la empresa de bebidas de frutas naturales para mayor energía, fue un éxito entre la población deportista y el precio de su acción se destapó en 1,219% en 86 semanas a partir de finales de 2004.

Google ofreció al mundo información instantánea vía internet y el precio de sus acciones avanzaron 536% desde su oferta inicial en 2004.

Apple y el nuevo reproductor de música iPod generó tal sensación que el precio de la acción creció 1,580% en menos de cuatro años desde finales de febrero de 2004.

OPTIMISMO HISTÓRICO

Las mejores imágenes son aquellas que retienen su fuerza e impactan a través de los años, a pesar del número de veces que son vistas.

Anne Geddes

En este capítulo me gustará hacer un ejercicio más dinámico e imaginativo, si usted, amable lector, me lo permite. Le voy a pedir que busque en internet seis imágenes del pasado relacionadas con distintas industrias. Dependiendo de su edad, algunas le generarán recuerdos o nostalgias y para otros serán toda una sorpresa. La reflexión sobre el optimismo vendrá al final.

Industria de la tecnología. Busque «chip IBM año 1956» (imagen), y encontrará chips más grandes que un individuo. En aquel año se requerían varias personas para subir un chip a un camión, y las computadoras que usted utiliza hoy en su escritorio, ocupaban una habitación completa. Los chips actuales que se usan en su teléfono son más pequeños que una uña, además de ser mucho más poderosos que los que existían en aquella época.

Industria de la comunicación. Ahora busque «llamada telefónica 1970» (imagen). En estas encontrará personas utilizando teléfonos que los jóvenes actuales no conocen. Previo a los celulares, la comunicación estaba sumamente limitada de diversas maneras. Para hablar con la familia y los amigos se utilizaban teléfonos que no eran de uso individual. Incluso en las casas, los teléfonos fijos eran compartidos entre todos los miembros de la familia.

Industria de la medicina. Para la tercera búsqueda escriba «cirugías 1863» (imagen). En las primeras cirugías que se practicaron, más de la mitad de los pacientes fallecían por distintas causas (la falta de higiene era una de ellas). De hecho, hubo momentos de la historia en que las personas podían morir a consecuencia de una caries.

Industria del transporte. Continúe con «ferrocarriles 1868» (imagen). Usted podrá encontrar imágenes de las construcciones de algunas de las primeras vías para ferrocarriles en EUA y en otras partes del mundo. En su momento, fue uno de los medios más modernos y solicitados para transportarse. Actualmente, existen muchas personas que nunca han viajado y nunca lo harán en un tren, independientemente de la evolución en el diseño de los propios ferrocarriles en el tiempo.

Industria del entretenimiento. Siga con la búsqueda de «Disneylandia 1950» (imagen). Aparecerá frente a usted la construcción del primer parque de diversiones Disney en la ciudad de Los Ángeles, California, en EUA. El parque creció con el tiempo incluyendo nuevas atracciones, hoteles, restaurantes y centros comerciales. Fue el primero de otros que se inauguraron en EUA (Orlando, Florida – Disney World), Asia (Japón y China) y Europa (París, Francia). Con los años, la empresa The Walt Disney Company se extendió a otras áreas de entretenimiento (ESPN y la plataforma de *streaming* Disney+) y compró distintas productoras de películas como Pixar, Marvel, Lucas Film (Star Wars) y Fox, las cuales se sumaron a su ya exitosa productora propia de películas.

Industria del deporte. Por último, ingrese «ropa deportiva mujer 1940» (imagen) y seguramente descubrirá diferentes modelos luciendo la ropa deportiva de aquella época. ¿Qué le parece? Nada que ver con las prendas actuales, no solo en diseños sino en los materiales.

OPORTUNIDADES

Todas estas imágenes de la historia y muchas más son testimonio de una tremenda transformación y evolución en distintos sectores. Por supuesto que usted, yo y todo el mundo hemos sido favorecidos como consumidores por el avance de cada industria. Los productos son más cómodos y accesibles (menos caros), existe una mayor oferta de los mismos, el transporte es más rápido, la esperanza de vida es mayor, etc.

Sin embargo, ha habido un beneficio a través de la historia que fue menos compartido: el beneficio económico y patrimonial que tuvieron todos los dueños (accionistas) de las empresas que participan de esta evolución. Lamentablemente, en el caso de nuestro país, ha sido completamente mínimo.

La evolución no se detendrá. Imagine usted que ahora tomamos una fotografía en cualquier momento. Unas vacaciones, una reunión familiar, lo que sea (las cámaras están con nosotros permanentemente a través de los teléfonos celulares, otro buen ejemplo de la evolución y desarrollo en la tecnología).

Pues bien, esa foto que tomamos hoy, dentro de unos años será una imagen como las que acaba de ver, y sería más lamentable aún que usted la vea y se dé cuenta de que dejó pasar nuevamente la oportunidad de ser dueño de empresas que generarán grandes patrimonios como ha sucedido desde 1602, cuando se fundó en Ámsterdam la bolsa de valores más antigua del mundo. La Compañía Holandesa de las Indias Orientales (Verenigde Ostindische Compagnie, o VOC) fue la primera que hizo tratos con sus acciones y bonos.

Decía el sabio chino Confucio: «Si ya sabes qué hacer y no lo haces, estás peor que cuando no sabías lo que tenías que hacer».

OPTIMISMO RACIONAL

Nadie te puede controlar, a menos que los dejes.

Leah Pipes

¿A qué llamo optimismo racional? Durante todo el tiempo que usted decida ser empresario en Bolsa, sucederán un sinnúmero de eventos y variables que influirán en el comportamiento del precio de las acciones de las empresas de las que usted es dueño.

Su criterio como empresario en Bolsa se verá retado y puesto a prueba por los comentarios y opiniones que escuche de conocidos y desconocidos, y por todo el bombardeo de medios de comunicación.

Cuando se encuentre en esa situación, por favor, considere qué tipo de variables son las que realmente puede controlar y cuáles no dependen en absoluto de usted.

Entre las que usted no podrá controlar se encontrarán, por ejemplo:

- Un resultado electoral
- Una alza o baja en las tasas de interés
- Un dato de inflación
- Un dato de crecimiento económico
- Un dato de empleo
- El surgimiento de una guerra
- La publicación de un mal reporte financiero trimestral en alguna de sus empresas

- La renuncia del director financiero de una de sus empresas
- Un desastre natural (inundación, huracán, terremoto, etc.)

Y, entonces, recuerde qué tipo de variables sí puede controlar o dependen 100% de usted. Esa variable es su proceso de inversión.

Por ello, la importancia de contar con una metodología integral, de la disciplina, de la paciencia y de los conocimientos que construyen el optimismo que estamos documentando en estas páginas. Recuerde que solo existe una cosa peor que el fracaso y es tener éxito sin saber cómo se obtuvo. Debe conocer y seguir su proceso cuando ha demostrado que funciona.

OPTIMISMO RESPONSABLE

Usted no solamente es responsable de lo que dice, sino también de lo que no dice.

Martín Lutero

Como comenté en «Introducciones», ser optimista en el mercado accionario no significa ser irresponsable o ingenuo. El optimismo bursátil nace del conocimiento y de la correcta implementación de un modelo de inversión. Disciplina y paciencia, mucho de lo que usted tiene en este escrito.

Recuerde que el riesgo es inevitable en cualquier disciplina. Cualquier decisión que tomemos involucra un riesgo, por menos importante que parezca. Elegir en qué esquina se cruza la calle, decidir de qué lado de la cama se levanta uno o elegir el menú en un restaurante conlleva un riesgo. Los únicos que no los asumen son los que no toman decisiones. Y eso termina siendo el mayor riesgo.

Por lo anterior, la clave no es evitar el riesgo, sino conocerlo y controlarlo. Ya comentábamos en el capítulo «Los ingredientes del éxito bursátil requieren de optimismo» las cuatro etapas en las que se presenta el riesgo para un inversionista del mercado accionario y cómo se puede controlar (Estrategia Integral C4).

Su nivel de optimismo y confianza será mayor o menor en función a su conocimiento (lo veremos en la segunda parte). Dicho conocimiento y experiencia le permitirá identificar cambios en el contexto del mercado y en su propia condición con los que, sin perder optimismo, le resulte apropiado aumentar o disminuir exposiciones en el mercado accionario.

¿CUÁNTO DE MI PORTAFOLIO EN BOLSA?

En otros libros de la Biblioteca SNX-Actinver hemos documentado que los grandes creadores de patrimonio del mundo son empresarios e inversionistas. Usted puede consultar en cualquier momento (con un buscador de internet) la lista de los multimillonarios del mundo que periódicamente actualiza la revista Forbes. Son poco más de 2,600 individuos en el mundo los que acumulan patrimonios de más de 1,000 millones de dólares.

No hay ninguna otra profesión que aparezca en esta lista asociada con las mayores creaciones de patrimonio (deportistas como Michael Jordan o LeBron James, que aparecen en ella, lo lograron no por sus ganancias como deportistas, sino por su actividad como empresarios e inversionistas).

Otros dos datos muy interesantes en esta lista son: 1) más de 60% de ellos son estadounidenses, un país en el que 60% de la población económicamente activa invierte en el mercado accionario; 2) una proporción muy alta de las empresas creadoras de los mayores patrimonios corresponden al sector de tecnología.

Pero atendiendo estadísticas más mundanas que no consideran a los multimillonarios, resulta sumamente interesante un análisis de segmentación de clientes que Bank of America (BofA) presentó identificando la composición promedio de los portafolios de los clientes que conforman sus divisiones de Alto Patrimonio Neto y Ultra Alto Patrimonio Neto, los cuales cuentan con carteras de un valor de más de 3 millones de dólares y 30 millones de dólares respectivamente. Estos individuos, independientemente de su edad y género, asignan más de la mitad de su portafolio total a las inversiones bursátiles (ver gráfica siguiente).

No pretendo sesgar ni sugerir que usted deba dirigir esta misma proporción. La academia indica de qué manera se debe asignar dicha proporción dependiendo del perfil de cada inversionista. Los tres elementos que se recomienda atender para atender su perfil son:

Horizonte de inversión: entre mayor es su horizonte de inversión, más debería invertir en acciones (por ello, la edad es importante).

Objetivos de inversión: entre más agresivo sea su objetivo, mayor deberá ser su asignación bursátil.

Distribución de portafolio total de los segmentos alto patrimonio neto u ultra alto patrimonio neto (2021)

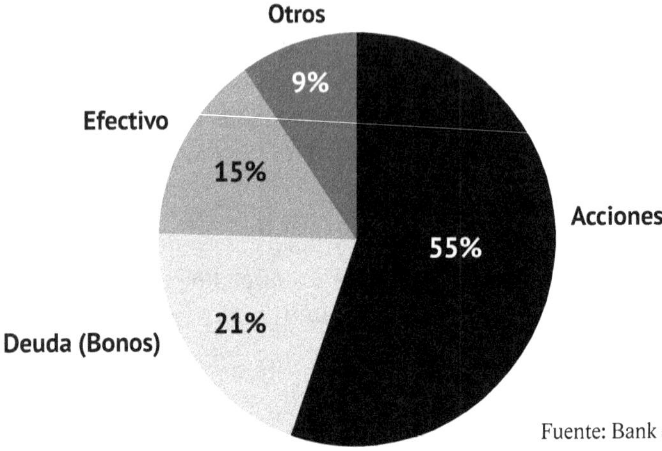

Fuente: Bank of America.

Aversión al riesgo: entre menos le preocupe tener minusvalías temporales, más apto es usted para una mayor exposición en Bolsa.

Algunos autores recomiendan incluir también el grado de experiencia como elemento para determinar el perfil de inversionista.

En la página siguiente, el cuadro de arriba ejemplifica una pregunta que los asesores e instituciones llevan a cabo para identificar el perfil del cliente. Esta pregunta en particular busca identificar la aversión al riesgo. La tabla ejemplifica tres tipos de perfiles (Agresivo, Crecimiento moderado y Conservador). La proporción que usted pueda estar dispuesto a ver como minusvalía durante un ciclo de baja o corrección en su cartera sin que le quite el sueño ni le genere una depresión deberá ser la proporción de acciones en un portafolio total.

El cuadro de abajo ejemplifica otra pregunta, en este caso relacionada con el horizonte de inversión. Esto no significa que usted no pueda disponer de su dinero en cualquier momento. La disponibilidad cuando usted vende acciones o fondos de acciones es de 48 horas. Pero, para lograr el beneficio del largo plazo, de la congruencia del empresario en Bolsa y de la «magia» del interés compuesto, lo recomendable es asignar a la compra de acciones el dinero que usted considere no necesitará disponer en mayor tiempo.

Perfiles de aversión al riesgo

Estoy dispuesto a ver disminuir __% el valor de mi portafolio en busca de mayores rendimientos	Proporción (%) de un portafolio invertido en acciones	PERFIL DE INVERSIONISTA
35.00%	80.00%	AGRESIVO
30.00%	70.00%	
25.00%	60.00%	
20.00%	50.00%	
15.00%	40.00%	CRECIMIENTO
10.00%	30.00%	
5.00%	20.00%	MODERADO
0.00%	10.00%	CONSERVADOR

Fuente: SNX.

Perfiles de horizontes de inversión

HORIZONTE DE INVERSIÓN (AÑOS)	% MÁXIMA ACCIONES	PERFIL
0-3	0.0%	NO BURSÁTIL
4	10.0%	CONSERVADOR
5	20.0%	CONSERVADOR/MODERADO
6	30.0%	MODERADO
7	40.0%	CRECIMIENTO
8	50.0%	
9	60.0%	AGRESIVO
10	70.0%	
11-14	80.0%	
15-19	90.0%	
20+	100.0%	

Fuente: SNX.

REBALANCEO DE PORTAFOLIOS

El concepto de «rebalanceo de portafolios» consiste en revisar su portafolio total por lo menos una vez al año para asegurar que este no se haya modificado o alejado mucho de su perfil.

Ejemplo: si usted decidió tener 30% de su portafolio en acciones (empresario en Bolsa), pero en el periodo revisado las acciones han tenido un desempeño muy favorable en su precio, la proporción en acciones será mayor. El crecimiento no se debió a que hubiera comprado más acciones, sino a que simplemente subieron de precio.

Con el rebalanceo de portafolios, si la proporción rebasa en 5% de la estructura propuesta (de 30% establecido es ahora un 38%), en estricta teoría usted debería vender 8% del total para regresar a un 30%. Si de manera contraria, en el plazo de revisión los precios de las acciones cayeron y su proporción sobre el total pasó de 30% a 22% (de nuevo, por baja en precios y no por venta de acciones), usted debería comprar 8.0% para regresar a un 30%.

Esta práctica disciplinada en el tiempo le permitirá, en esencia, vender cuando las acciones suben y comprar cuando bajan.

Sin embargo, también es cierto que, si existe un alza fuerte por un plazo mayor, llevar a cabo un rebalanceo de portafolios podría restar rendimiento y por ello no todos lo hacen. Personalmente, recomiendo no vender las acciones de una empresa mientras su valor estimado de manera conservadora por un buen método (como el Flujo de Efectivos Libres Descontado) indique que el precio del mercado sigue siendo atractivo.

CAMBIO DE CONTEXTO EN LA EMPRESA

Como comenté antes, sin dejar de ser optimista, la prudencia siempre tiene lugar, aunque el mercado accionario ha demostrado superar siempre cualquier crisis de carácter económico o político (ya lo hemos visto).

Un evento que pueda afectar la perspectiva —sobre todo de una empresa de la que somos dueños— es importante de atender. Mayor competencia, mayor endeudamiento, caída de demanda de productos o erosión de márgenes son algunos elementos que justifican disminuir o cambiar exposiciones en empresas. Estos eventos difícilmente aparecen de manera repentina, se desarrollan gradualmente, se identifican en la publicación financiera trimestral que las empresas en Bolsa están obligadas a llevar a cabo.

Recuerde lo comentado en el capítulo anterior: existen cosas sobre las que no tenemos control como empresarios en Bolsa (tasas, inflación, resultados electorales, etc.), pero sobre lo que tenemos un control absoluto es sobre nuestro proceso de inversión.

CAMBIO DE CONTEXTO PERSONAL

Otro cambio que invita a replantear su nivel de exposición en el mercado accionario sin perder optimismo (puede ser aumentarlo o disminuirlo) es el que le puede suceder de manera personal: 1) un cambio de trabajo con niveles de sueldos distintos; 2) el fin o inicio de un ciclo personal que involucre más o menores gastos (nueva propiedad, escuela de hijos, enfermedades, etc.); y 3) nuevas responsabilidades como el cambio de su estado civil (de soltero a casado) o la llegada de la paternidad, son siempre situaciones válidas que podrían justificar un cambio en la proporción en la que usted es un empresario en Bolsa.

ATENDER LAS «SEÑALES»

Cuando se presta atención, la vida nos ofrece señales maravillosas.

Marc Levys

Mi papá solía contarme la historia de un señor que, durante una fuerte tormenta, recibió una llamada telefónica de un vecino diciendo que abandonara su casa, pues corría peligro. Él se negó a salir replicando: «Dios me protegerá». La tormenta inundó las calles, pasó otro vecino con una enorme camioneta y le ofreció llevarlo. De nuevo contestó: «Dios me protegerá». Ya con un piso inundado y los muebles flotando, otro vecino pasó con una lancha y le dijo: «Súbete o te vas a morir». La respuesta fue la misma que las anteriores. La inundación fue tal, que tuvo que subir al techo. Entonces, pasó un helicóptero y el equipo de rescatistas le lanzó una escalera. Respondió como en las ocasiones anteriores y no subió.

El señor murió ahogado y al llegar al cielo se encontró con Dios y le reclamó: «¿Por qué me abandonaste?». Dios le contestó: «¿Abandonarte? Te llamé por teléfono, te mandé una camioneta, una lancha, un helicóptero y no hiciste caso».

De esta manera me quedó grabada la importancia de atender todas las señales, pero, sobre todo, de actuar en consecuencia.

SEÑALES DE SOBRA

En la primera parte de este libro compartí ya 22 capítulos que tienen «señales» de sobra para ser optimista en una condición de empresario en Bolsa. Vienen más «señales» en formas de historias y eventos cotidianos en los próximos capítulos y habrá muchos más a su alrededor que solo funcionarán si los atendemos con atención.

Créame, no necesita ser un analista o estratega especializado para encontrar y aprovechar las oportunidades que permanentemente se presentan en el mercado. Utilice el sentido común que resultó extraordinario para Peter Lynch, de quien hablé ya en las «Introducciones». Use a su favor su condición de consumidor y la de personas a su alrededor (hijos, esposa, esposo, hermanos, amigos, alumnos, colegas de trabajo); dese cuenta de lo que más gusta, de lo que más se habla y escucha; de lo más visto; de cómo y dónde se compra; de lo que se come y de los lugares a donde más se viaja. La vida está llena de señales, pero, repito, las tenemos que atender.

PARTE 2

OPTIMISMO INTEGRAL

EL FUTURO YA LLEGÓ Y LLEGARÁ PARA TODOS

Me interesa el futuro porque es el lugar en el que viviré el resto de mis días.

Woody Allen

Ser optimista en el mercado accionario significa estar convencido de que ser empresario en Bolsa es la mejor decisión para lograr objetivos de construcción patrimonial a largo plazo. No obstante, la creación de patrimonio por sí mismo no debe ser vista como un fin, sino como un medio para lograr muchas otras cosas no relacionadas con el dinero y más importantes, pero que difícilmente se logran sin una estabilidad económica. Un buen balance de vida conforma el estado de optimismo integral. De poco servirá alcanzar un gran patrimonio a costa de la salud o la familia. Por favor, preste atención más adelante al capítulo «¿De qué nos arrepentimos?».

Para documentar el optimismo integral, hago referencia a la condición patrimonial que hoy guardan las diferentes generaciones, espacialmente en EUA. Las generaciones se distinguen en periodos entre 15 y 18 años y actualmente son las siguientes (después del nombre se indican los años actuales que hoy, en 2024, tienen los pertenecientes y los años entre los cuales nacieron):

- *Millennials*: 27 a 43 años (1981-1997)
- Generación X: 44 a 59 años (1965-1980)
- *Baby boomers*: 60 a 78 años (1946-1964)
- Generación silenciosa: +79 años (antes de 1946)

Los *baby boomers* poseen la mitad de la riqueza de EUA: 140 trillones de dólares

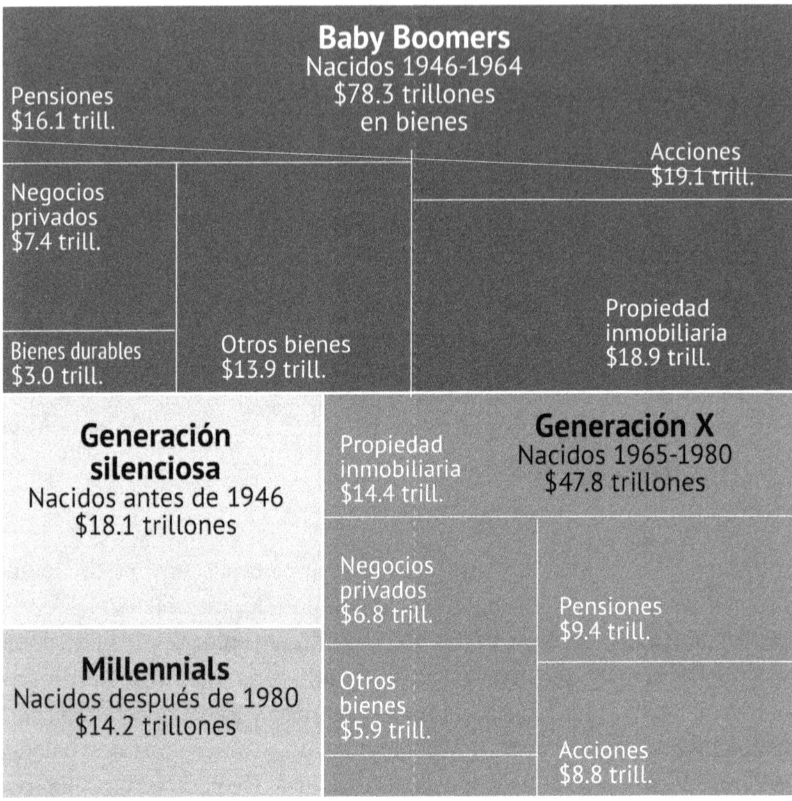

Fuente: Reserva Federal de EUA.

Conservamos el término «trillones» en el sentido en que se usa en EUA, para evitar confusiones en las cifras.

La Reserva Federal de EUA presentó a finales del año 2023 esta tabla, que mostraba la distribución patrimonial entre las distintas generaciones. La información reveló que, como nunca en la historia de EUA, una sola generación, la de los *baby boomers* (nombrada así por la alta natalidad que caracterizó a esta generación después de la Segunda Guerra Mundial), acumula más de la mitad del patrimonio total de todas las generaciones.

Los *baby boomers* fueron altamente favorecidos por el crecimiento de los mercados bursátiles e inmobiliarios de los años ochenta. Recuerde que, en EUA, 60% de la población económicamente activa invierte en el mercado accionario (son empresarios en Bolsa desde edades tempranas). Su «envidiable» condición patrimonial está siendo transmitida a la siguiente generación y, aunque amplificará el añejo problema de la desigualdad económica, de alguna manera también explica y «garantiza» la fortaleza económica y futura en EUA, a pesar de las altas tasas de interés experimentadas antes de 2024.

De hecho, esta condición estructural de dicha generación, con edades entre 59 y 77 años (en 2023), que los hace gastar y consumir independientemente del nivel de las tasas de interés, explicó, en opinión de especialistas, que la temida recesión económica en EUA no haya sucedido a pesar del periodo de altas tasas de interés antes señalado.

Distribución de la riqueza generacional en EUA

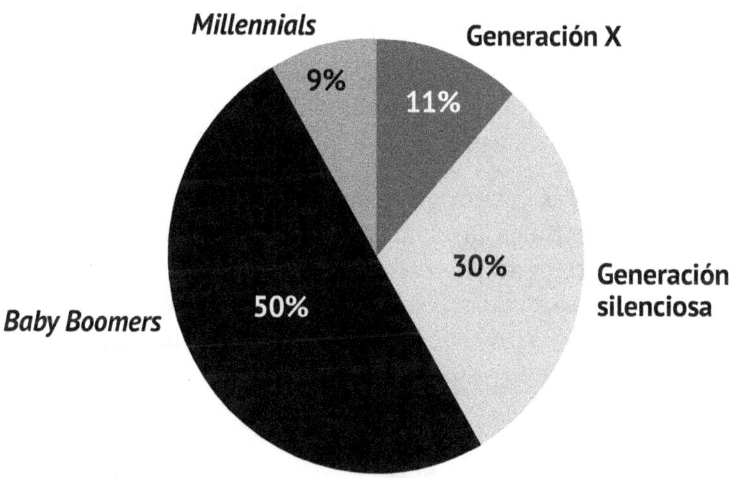

Fuente: Reserva Federal de EUA.

Yo soy parte de esa generación. Tengo 60 años y, por mucho tiempo, mi esposa Marthita y yo hablábamos y trabajamos en nuestro futuro. Nosotros y nuestros hijos hemos tenido, como la historia de muchos mexicanos, capítulos de estudio, trabajo y dedicación, pero con un ingrediente adicional muy poco común en nuestro país: pudimos descubrir la inversión bursátil hace años y eso nos permitió alcanzar objetivos.

Llevo algún tiempo diciéndole a Marthita que nuestro futuro ya llegó. Que ahora es momento de disfrutar y alcanzar mucho de lo que buscamos, cuando la salud y la compañía todavía nos lo permiten. Eso no significa que dejaremos de ser empresarios en Bolsa, sino que toda esta teoría e invitación que permanentemente me atrevo a compartir con usted sobre los beneficios de serlo es cierta. Lo he visto con amigos y lo he vivido personalmente. Pero también he visto a los que no lo hicieron.

Un estudio en EUA documenta que 80% de las personas que comienzan a trabajar a los 21 años en el mundo, a los 65 años están en alguna de estas condiciones: 1) trabajan por necesidad; 2) dependen económicamente de alguien; 3) están quebrados financieramente; o 4) están muertos.

HACEMOS UNA ATENTA INVITACIÓN

Nuestra comunidad SNX está conformada por personas de distintas edades y características. A todos nos pasará o nos pasó: cerramos un día los ojos y, en un despertar, el futuro habrá llegado. Tendremos 60 años y podría ser tarde para comenzar algunos proyectos.

Nadie experimenta en cabeza ajena, pero, por favor, créanme, es importante invertir. No es difícil, la recompensa es grande y no se relaciona con tener mucho dinero. Tiene que ver con la satisfacción de poder vivir con un buen balance, la oportunidad de ayudar a otros y darse cuenta de que el camino elegido ha sido y seguirá siendo el correcto. Ayúdese y ayude a los demás a promover la inversión bursátil.

SER OPTIMISTA

Si el mundo se acabara mañana, yo hoy todavía sembraría un árbol.

Martin Luther King

Recuerdo que cuando era niño escuché a un grupo de adultos platicando en una cena de Navidad aquel famoso cuento de un niño que era muy mal portado, pero muy optimista. Cuando llegó el día de los Reyes Magos (6 de enero), se levantó muy entusiasmado para ver qué regalo le habían dejado y encontró un pedazo de estiércol junto a su zapato. De inmediato, se puso a dar brincos de alegría, sus papás estaban sorprendidos y entonces él les dijo: «Voy al jardín porque los Reyes me trajeron un caballo».

No entendía yo las risas ni el cuento. Después me enteré de que la tradición indica que, si no te portas bien, entonces los Reyes te dejan justo eso, un pedazo de estiércol en vez de un juguete. Como muchos, o como todos, vivo épocas de mucha alegría y otras de enorme tristeza. Momentos de entusiasmo y otros de temor y miedo. El tiempo te ayuda a entender y a darle una mejor perspectiva a la vida.

Mi querido Juan Carlos Girón, tremendo empresario y atleta, quien falleció durante el desarrollo de este libro y a quien dediqué el siguiente capítulo titulado «¿De qué nos arrepentimos?», me dijo alguna vez que existe una estadística que indica que, de todos los temas que nos llegan a preocupar, 90% no suceden o lo hacen en una dimensión mucho menor a la imaginada. Del 10% restante, si se convierten en un problema, la mitad se resuelve de manera favorable. Esto significa que solemos preocuparnos de más la mayoría de las veces.

La razón detrás de nuestra preocupación en exceso está completamente relacionada con nuestra «programación» como especie humana. La principal función del cerebro no es ser feliz, sino sobrevivir. Ha sido así desde siempre. En la prehistoria, los cavernícolas lo hacían por razones como el clima, animales o ataques de otras tribus.

La historia de la humanidad está llena de guerras y enfermedades. Nuestra atención primordial hacia el riesgo justifica nuestros constantes temores y miedos. No podemos evitar detenernos a ver un accidente automovilístico, pues el cerebro lo registra como sinónimo de precaución, cuidado o riesgo. Pero difícilmente nos detenemos a observar un extraordinario amanecer. Eso no implica riesgo, aunque valdría más la pena.

Esa misma programación explica la mayor atención que brindamos a noticias negativas. Los medios de comunicación lo saben y por ello hay una mayor proporción de estas en relación con las positivas en redes sociales, periódicos y noticieros en general.

Por años, han aparecido los encabezados de «lunes negro» en las primeras planas de periódicos cuando el mercado accionario registra una caída importante. Sin embargo, nunca hemos visto un encabezado de «martes, miércoles, jueves, o viernes blanco» y han sido muchas más las sesiones a lo largo de la historia en las que los mercados accionarios han tenido avances muy favorables.

El sesgo pesimista o negativo en el ambiente de las inversiones se explica a través de uno de los pilares de la economía conductual llamado teoría prospectiva. Esta demuestra que el malestar que causa saber de una minusvalía o pérdida (precios de las acciones a la baja) es mucho mayor que la sensación de satisfacción que resulta de una plusvalía o ganancia (precios de las acciones al alza). La investigación fue desarrollada por Daniel Kahneman, ganador del Premio Nobel de Economía en 2002.

Un proverbio escocés dice: «No hay medicina para el miedo». Desde mi punto de vista, sí existen medicinas y se llaman «información» y «análisis». Por ello, el optimismo que le propongo construir alrededor de la inversión bursátil tiene como base justo esos dos pilares. Las evidencias son contundentes, usted tiene, desde los primeros capítulos de este libro, información que pocos conocen sobre la realidad de la inversión bursátil. Hablo de optimismo bien fundamentado. De otra manera, sería ingenuidad, irresponsabilidad o estupidez.

De regreso al optimismo integral, otra recomendación que doy cuando se tiene que afrontar un problema, es pensar si pudo haber sido peor. Cuando hago esta reflexión siempre encuentro que los problemas pudieron haber sido mucho mayores. Una fractura de la nariz, perder el pasaporte antes del viaje, un examen no aprobado en un semestre, una caída de 10% en el precio de una acción, etcétera. Una pandemia global de dos años fue mejor que una de diez. Ponga usted el problema y considere este enfoque.

Después de cada entrenamiento o competencia en los que no me sentía conforme u optimista por el resultado, Girón también me decía: «Lo que no mata, fortalece». Y vaya que tuvo razón.

¿DE QUÉ NOS ARREPENTIMOS?

Nunca es tarde para el arrepentimiento y la reparación.

Charles Dickens

Con el paso del tiempo, perdemos amigos y familiares de manera natural. Me sucede a mis 60 años: el jueves 4 de abril de 2024, cuando escribía este libro, falleció mi querido amigo, mi *coach*, Juan Carlos Girón Canónigo.

No se puede meditar sobre la vida sin tener en cuenta la muerte. Cuando la muerte está próxima, dicen que salta una especie de hora de la verdad y aparece una iluminación retrospectiva, una lucidez extraordinaria. Distintos estudios y trabajos de investigación realizados por médicos y especialistas que atienden pacientes con enfermedades terminales, ofrecen respuestas muy interesantes y nos invitan a una reflexión sobre las cosas de las que estas personas coinciden en reconocer que se arrepienten estando muy cerca de su fin:

1. Trabajar demasiado: muchos se arrepienten de haber pasado la vida con una sobrecarga excesiva profesional o, dicho de una forma más rotunda, haber vivido para trabajar. En esos instantes estelares, uno siente que la vida personal se descompensó.

2. Sufrir por cosas que no merecían la pena: es la segunda queja más frecuente. No supieron restar importancia a esos hechos ni tener una visión más profunda de las circunstancias vividas en ese momento. Saber valorar los acontecimientos que nos suceden de forma más ecuánime.

3. No haber sabido disfrutar más de la vida. Esto tiene un amplio espectro: desde el hecho de no haber sido capaz de captar y gozar de cosas y experiencias de la vida ordinaria, es decir, aprovechar el momento, hasta no haber planificado el tiempo libre para sí mismos y tampoco haber buscado cosas a favor de su satisfacción y alegría. Saber descansar también es un arte.

4. Poco tiempo con la familia: convertirse en padre o madre ausente. Haber sido de aquellos que casi no tuvieron influencia en la educación y formación de sus hijos, porque el trabajo los absorbió y no lograron construir una presencia psicológica con ellos, además de haber limitado su papel fundamental a traer dinero a casa que, aunque es algo muy importante para el sustento económico del hogar, no les permitió implicarse en otros aspectos familiares.

5. No atreverse a hacer lo que uno quiere. Otros muchos han dicho: «ojalá me hubiera atrevido a hacer lo que realmente quería hacer y no lo que los demás esperaban o lo que parecía más fácil». Esta es la esencia de la cultura en nuestra empresa: ¡Sin excusas!

6. Espiritualidad poco sólida: finalmente, algunos lamentaron no haber generado una espiritualidad más sólida, que les diera respuesta a los grandes interrogantes de la vida. Las personas que no han tenido creencias trascendentes reconocen, en esos instantes finales, que esto ha sido un fallo, que limitaron mucho su forma de entender la existencia.

Si atendemos las situaciones anteriores encontramos las necesidades económicas como un motivo de «distracción» o factor que impide un mejor balance personal o familiar. Entonces, es importante lograr estabilidad financiera. No se trata de tener dinero, sino de lo que nos permite hacer al no preocuparnos por ello. «Es necesario vivir cada día con gran intensidad y alegría». Me lo decía siempre mi *coach* Girón mientras nadábamos, corríamos o andábamos en bicicleta durante miles de kilómetros.

Descanse en paz.

EL SUEÑO DEL SULTÁN

Si quieres que tus sueños se hagan realidad, ¡despierta!

Anónimo

Respecto a los arrepentimientos, pero con un enfoque de empresarios en Bolsa (inversionista), la anécdota del «Sueño del sultán» resulta muy ilustrativa.

Una sabia y conocida anécdota árabe cuenta que, en una ocasión, un sultán soñó que había perdido todos los dientes. Después de despertar, mandó a llamar a un consejero para que interpretase su sueño:

—¡Que desgracia, mi señor! —exclamó el consejero—. Cada diente caído representa la pérdida de un pariente de su majestad.

—¡Qué insolencia! —gritó el sultán, enfurecido—. ¿Cómo te atreves a decirme semejante cosa? ¡Fuera de aquí!

Llamó a su guardia y ordenó que le dieran 100 latigazos al consejero. Más tarde ordenó que le trajesen a otro consejero y le contó lo que había soñado. Este, después de escuchar al sultán con atención, le dijo:

—¡Excelso, señor! Gran felicidad le ha sido reservada. El sueño significa que sobrevivirá a todos sus parientes.

Se iluminó el semblante del sultán con una gran sonrisa y ordenó le dieran 100 monedas de oro al consejero.

Cuando aquel salía del palacio, uno de los cortesanos le dijo, admirado:

—¡No es posible! Tu interpretación del sueño es la misma que la del primer consejero. No entiendo por qué al primero le pagó con 100 latigazos y a ti con 100 monedas de oro.

—Recuerda, buen amigo mío —respondió el segundo consejero—, que todo depende de la forma en el decir. Uno de los grandes desafíos de la humanidad es aprender el arte de comunicarse. De la comunicación dependen, muchas veces, la felicidad o la desgracia, la paz o la guerra. Que la verdad debe ser dicha en cualquier situación, de esto no cabe duda, mas la forma como debe ser comunicada es lo que provoca en algunos casos grandes problemas.

SULTÁN, EL MERCADO LE OFRECE UNA GRAN OPORTUNIDAD

Buena historia, ¿no? Pero me parece que, además de una enseñanza sobre la comunicación, la anécdota invita a una sobre el entendimiento. Cuando la conocí, me imaginé al mismo sultán en otro momento con un consejero diciéndole:

—Señor, el mercado accionario está bajando. Salga rápido a vender todas sus acciones antes de que sea demasiado tarde.

En la misma circunstancia, otro escenario sería:

—Señor, el mercado accionario está bajando, aproveche la oportunidad, pues muchas de las empresas cuyos precios están bajando siguen teniendo una perspectiva favorable a mayor plazo.

Cualquier parecido de la versión del sultán en Bolsa con la realidad, en épocas de baja, no es coincidencia.

BIENVENIDO A HOLANDA/MÉXICO

Que digan que estoy dormido y que me traigan aquí,
México lindo y querido, si muero lejos de ti.

Chucho Monge

«Bienvenido a Holanda» es un poema de Emily Perl Kingsley que ha sido utilizado de distintas maneras; sobre todo, lo recomiendan para padres que tienen hijos con capacidades diferentes. Cuando conocí su contenido, de inmediato supe que debía compartirlo con nuestra comunidad SNX, pues notará que aplica para diversas circunstancias.

VOY A ITALIA

Cuando se va a tener un bebé, es como si se estuvieran planeando unas vacaciones en Italia. Hay mucha emoción, se adquieren un montón de guías, se aprenden algunas frases para poder moverse, y luego llega el momento de hacer las maletas y dirigirse al aeropuerto. Solo cuando aterriza, la azafata le dice: «Bienvenido a Holanda». Usted mira con incredulidad y conmoción, y dice: «¿Holanda? ¿De qué está hablando? Voy a Italia». Entonces, le explican que hubo un cambio de planes, que aterrizó en Holanda y allí debe quedarse. «¡Pero no sé nada sobre Holanda! ¡No quiero quedarme!», replica. Sin embargo, no tiene opción y se queda.

Sale y compra algunas guías nuevas, aprende algunas frases y conoce a personas que no sabía que existían. Lo importante es que no está en un mal lugar y lleno de desesperación. Simplemente, está en un sitio diferente al planeado. Tiene un ritmo más lento y menos llamativo que su destino original, pero después de haber estado allí un tiempo y tener la oportunidad de recuperar el aliento, descubre que Holanda tiene molinos de viento, tulipanes y cuadros de Rembrandt.

Pero el resto de sus conocidos van y vienen de Italia y se jactan de lo bien que lo pasan. Por el resto de su vida dirán: «Sí, eso es lo que había planeado».

¿CUÁL ES SU CASO?

El dolor de una sorpresa negativa nunca desaparecerá. Se debe aceptar ese dolor porque la pérdida de ese sueño o plan es significativa. Pero, si se pasa la vida lamentando el hecho de que no pudo ir a Italia, nunca tendrá la libertad de disfrutar de las cosas muy especiales y hermosas de Holanda.

Al conocer el poema, reconocí lo crítico que soy con mi país en muchas ocasiones. No me gusta lo que veo, cómo se hacen las cosas (corrupción, inseguridad, contaminación, etc.) y me quejo. No obstante, con esa actitud dejo de ver también cosas extraordinarias que pasan y que puedo disfrutar. Lo mismo nos sucede en otros planos personales y profesionales, donde no se cumplen al 100% los planes o surge una sorpresa desagradable. Pero si nos estancamos en reprimirnos, lamentarnos o hacer reproches sobre lo que sucedió o no, podemos perder de vista otras oportunidades. De esto se trata el optimismo integral.

Entre mis propósitos está el poema «Bienvenido a México». Depende de mí escribirlo.

CONSTRUIR CONFIANZA

La confianza en sí mismo es el primer secreto del éxito.

Anónimo

«Los ingredientes del éxito bursátil requieren optimismo», comentaba en la primera parte de este libro. Describí cada ingrediente (conocimiento básico, metodología de inversión, disciplina y paciencia) y concluí que el optimismo se generaba alrededor de todos ellos. Ser optimista es sinónimo de confianza, así que le platico algo sobre la misma.

LA CONFIANZA VIENE DE ADENTRO

La confianza es el elemento más importante para el éxito de un individuo en cualquier actividad. El problema es que nadie te enseña cómo obtenerla. No puedes apretar un botón con el título «confianza» para conseguirla, como tampoco hay uno con la leyenda «más alto». Seguramente usted ha estado en alguna situación complicada en la que alguien con muy buena intención le dice «échale ganas» o «ten confianza». Pero ¿cómo? ¿En dónde puedo conseguir nueve kilos de «ganas» o de «confianza»? Recurro a una ilustración deportiva y procuraré ser claro.

Imagine a un joven basquetbolista que llega a un partido de práctica un fin de semana. El partido no forma parte de ningún torneo importante, por lo que no le genera mayor expectativa y tampoco siente ningún tipo de presión. Al llegar, descubre que el equipo contrincante no encesta ningún tiro en el calentamiento previo al juego y, además, los oponentes son bajos de estatura y muy delgados. Su confianza crece.

Comienza el partido y encesta tres tiros a la distancia de tres puntos, da un par de buenos pases y gana varios rebotes. Otra dosis de confianza.

Su entrenador lo felicita, su equipo lo abraza, las personas que observan el juego le aplauden. Todos lo reconocen. Posiblemente uno de sus mejores días. Su confianza está por los cielos.

Por si no fuera suficiente, su mamá se entera de que jugó muy bien y le preparó su comida favorita como premio. Después, su mejor amigo lo invitó a una fiesta esa noche. ¡Confianza al infinito!

Sin embargo, llega a la fiesta (muy emocionado y lleno de confianza) y conoce a muy pocos. Todos fuman y beben alcohol, pero él no lo hace. Se siente sumamente incómodo en ese ambiente. Comienza a haber muchos borrachos, la música está a todo volumen y llega una patrulla para llevarse a varios, pues los vecinos ya se quejaron.

En ese momento, su entusiasmo y confianza desaparecen. Ahora se siente muy mal. En ese mismo día, la confianza apareció, alcanzó un grado máximo y luego desapareció.

Si ese joven jugador relaciona la construcción de la confianza con lo anterior, entonces depende completamente de factores externos. Esto le sucede al 99% de las personas. Las fuentes de confianza externa para la mayoría se relacionan con:

- Una acción (decisión o comportamiento) exitosa
- La validación de algo que se hace o se dice
- La comparación contra algo o alguien

Existe en diversos ámbitos. Respecto a las inversiones, la mayoría de los participantes sienten confianza cuando: 1) toman una decisión y comienza a funcionar de inmediato (suben los precios de las acciones); 2) personas cercanas los felicitan por las decisiones que están tomando; o 3) sienten superioridad frente a otros con inversiones distintas.

Todo lo anterior es una equivocación. Si un inversionista relaciona la construcción de la confianza con lo anterior, entonces también depende de factores externos. La confianza se construye todos los días dentro y fuera del mercado de valores y no necesita «presumirse», se percibe y se siente.

Por otro lado, animarse a uno mismo a través de pensamientos («soy el mejor, nadie me gana, etc.») es otro recurso recurrente que se busca para adquirir confianza. No es malo, siempre y cuando uno sea honesto y no se mienta. Hay mucho mejores que yo y eso no es malo (puedo aprender de ellos, debo conocer mis ventajas. «Si no tienes una ventaja competitiva, no compitas»).

INGREDIENTES PARA LA CONSTRUCCIÓN DE CONFIANZA

Expertos en el tema concluyen que los cuatro ingredientes para la construcción de confianza son:

1. **Congruencia.** «Si no actúas como piensas, vas a terminar pensando como actúas». Significa tomar decisiones congruentes con objetivos que buscamos, independientemente del resultado a corto plazo. Si sé que los mayores creadores de patrimonio son empresarios e inversionistas, entonces me tengo que convertir en uno. Si sé que soy dueño de empresas con extraordinarias perspectivas, no me preocupo cuando bajan de precio. Si sé que es peligroso no diversificar, entonces estoy tranquilo porque tengo un portafolio diversificado. Si sé que la tendencia de la Bolsa es alcista a mayor plazo, entonces no me preocupo por el corto plazo.
2. **Integridad.** Saber quién es fuera y dentro del mercado, es decir, tener un código propio de conducta, lo define como inversionista e individuo (ser honesto, respetuoso, etc.). ¿Qué actitudes son las que más respeta en una persona? ¿En quién confiaría sin dudarlo? ¿Por qué? Porque hace lo que dice, no lo defrauda, es congruente.
3. **Ser original.** No imitar ni pretender ser alguien más. Asumir mi responsabilidad al 100%. No dar excusas.
4. **¡No sacrificar lo más por lo menos!** Recuerde que la creación de patrimonio es un medio y no un fin. No sacrifique salud (estrés excesivo o cualquier otro síntoma), no olvide pasar tiempo con su familia y atender prioritariamente aquellas actividades que disfruta en lo personal (deporte y pasatiempos). La magia del interés

compuesto en una buena inversión se encargará de darle un buen patrimonio. ¡Así se construye la confianza!

LA CONFIANZA ES LA HABILIDAD DE CREER EN UNO MISMO

Depender de factores externos implica también que su efecto será temporal, mientras que nosotros necesitamos tenerla de manera permanente. Regresando a la analogía del deporte, el equivalente a un factor externo sería ingerir una bebida hidratante o una barra de energía, cuyo efecto es limitado. En este caso, un factor externo sería una buena alimentación (nutrición): su resultado es más permanente.

Para entender de mejor forma la manera en que la confianza se construye a partir de uno mismo, por favor, piense y responda esta pregunta: ¿qué tienen en común las personas en las que usted confía? Seguramente las respuestas serán similares a las siguientes características:

- Cuando dicen algo, lo cumplen
- Cuando se proponen algo, lo logran
- Dicen la verdad, es decir, son íntegros
- Personas congruentes (que viven por un código y son disciplinados)

¿Se da cuenta? ¡Si uno no cumple, no es confiable! Las personas confiables desarrollan un «código de conducta» y lo respetan a cabalidad.

En resumen, para desarrollar confianza interna se debe tener primero un código y después respetarlo siempre.

Uno de los códigos de conducta más fuertes y reconocidos en el mundo lo tiene el ejército de EUA. Este es: «No dejar a nadie atrás». Durante una batalla, todos se comprometen a ello. Si alguno es herido y cae, los demás siempre regresan para ayudarle. Se trata de un nivel máximo de confianza, dan la vida entre ellos. Si ese código se rompe, todo se vuelve frágil. Prefieren perder un combate antes que romper ese código.

En el ámbito personal y laboral, un código puede ser: «nunca hacer trampa debe estar antes que la importancia de tener éxito».

Por supuesto, debe tratarse de un buen código. Los narcotraficantes y terroristas posiblemente tengan también sus códigos, pero son negativos. Además, no son opcionales. Piense en las leyes de una sociedad. La ley no dice: «sería bueno no matar» o «sería bueno no robar»; lo que dice es: «prohibido robar» y «prohibido matar». Un código de entrenamiento no dice: «es bueno descansar» o «es bueno alimentarse sanamente», sino: «descansar y alimentarse bien». En otros ámbitos sociales, un buen código sería «no permitir que los amigos hagan cosas incorrectas» o «cuidarse mutuamente».

ALGUNOS SON EQUIVOCADOS

Habrá que ser cuidadosos también en los códigos, pues algunos llegan a ser incorrectos. En el caso de un deportista o en la propia actividad laboral, el código de una exigencia en exceso genera una lesión o hartazgo.

¿Tiene claro su código personal? ¿Y como inversionista? A ello nos referimos en «Los ingredientes del éxito bursátil requieren optimismo», al inicio del libro.

La confianza u optimismo nos da una especie de superpoder, tranquilidad, libertad. Nos permite disfrutar nuestras actividades, no hay presión.

¿Recuerda a nuestro basquetbolista? Confianza no significa caminar en una cancha pensando que eres mejor que cualquiera de los que están allí, significa caminar en una cancha sin la necesidad de compararte con nadie.

¿DÓNDE BUSCAR?

Al igual que la confianza, la felicidad está dentro de nosotros. Un antiguo relato dice que los dioses, cuando crearon a la mujer y al hombre, escondieron la felicidad dentro de ellos, para que así no tuvieran que ocuparse de buscarla en otras partes.

Pruebas y estudios demuestran que la felicidad solo la podemos encontrar en nuestro interior. En el exterior existen «parches» que matizan ciertos estados emocionales, pero la verdadera felicidad la logramos al tomar control sobre nosotros y, sobre todo, en la manera en que actuamos frente a circunstancias que nos toca vivir, sin dejar que estas modifiquen nuestra vida por más tiempo que el necesario.

Hay otra historia de un hombre que buscaba las llaves de su casa debajo de la luz de un farol. Después de un rato, al verlo un transeúnte, le preguntó con la intención de ayudarle:

—Buen hombre, ¿qué busca?

—Las llaves de casa —respondió.

—¿En qué zona se le cayeron?

—Muy cerca de aquella esquina, donde está un restaurante, casi seguro.

—Entonces, ¿por qué busca aquí?

—Porque aquí hay más luz

Por más luz o comodidad que exista, la felicidad y la confianza no las vamos a encontrar nunca fuera de nosotros.

¿PROGRESO O TRANSFORMACIÓN?

Si no me levanto ahora, jamás podré contar mi historia.

Anónimo

La creación de confianza a un grado mayor es también una transformación. Y la transformación es distinta al progreso.

¿Alguna vez ha identificado a un atleta que pasó de ser poco visible a convertirse en el principal jugador de su equipo? ¿O un profesionista de nivel medio que después se convirtió en un destacado empresario? ¿Y qué tal el amigo de la escuela con una personalidad gris que, tiempo después, resultó ser altamente carismático?

Lo mismo pasa en las inversiones. Usted puede pasar de ser un inversionista «promedio» a un importante constructor de patrimonios. La gráfica de abajo ilustra la diferencia entre el progreso y la transformación en un individuo. Mientras que el primero exige preparación y estudio constante, el segundo requiere un proceso mental de cambio.

Especialistas en el tema señalan que el principal obstáculo en una transformación son los miedos. La mayoría solemos sentirnos cómodos en cierta posición donde el nivel de exigencia, responsabilidad, riesgo, retos, competencia, preparación, ingreso, etc., nos resultan «buenos».

Muchas veces no estamos conscientes de ello, por lo que el primer paso para lograr una verdadera transformación es reconocer dicha condición de comodidad y estar dispuesto a cambiarla. La transformación requiere no volver a ser lo que éramos. ¡Es un cambio permanente! Por ello, mientras el progreso es paulatino, la transformación implica un avance destacado.

Transformación versus progreso en un individuo

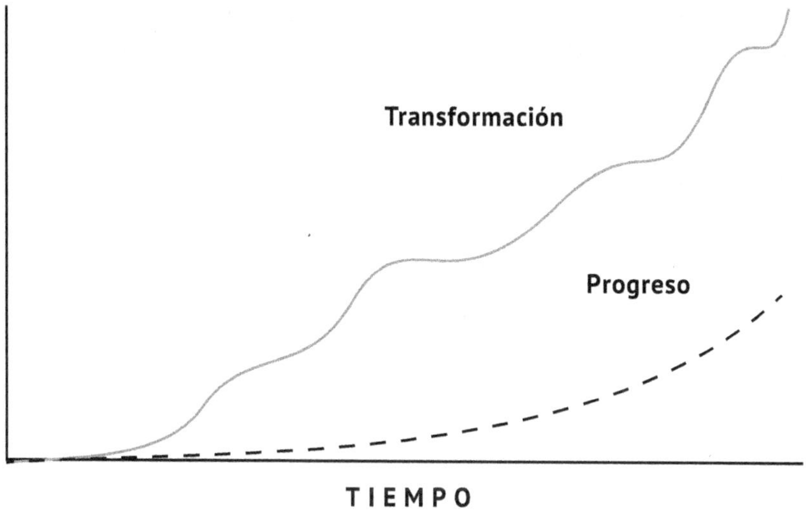

Fuente: SNX.

LA LISTA TEMOR-SATISFACCIÓN

La manera en que se recomienda llevar a cabo una transformación a nivel consciente, más allá de la preparación y otros esfuerzos que requiera, es la siguiente:

1) Escribir una lista con los miedos (dudas) que impiden tomar la decisión de alcanzar un siguiente nivel (transformación). En el caso de un inversionista, pueden ser:

- Temor a perder dinero
- Mayor preparación
- Mayor tiempo para atender portafolio
- Mayores montos requeridos, entre otros

2) Incluir en la misma lista todas aquellas satisfacciones o recompensas que conlleva superar esos miedos. Ejemplo: el mercado accionario se comporta en ciclos, pero los ciclos de alza son de mayor duración y de mayor rendimiento que los de baja.

El conocimiento asociado no solo me da más confianza, sino que me permitirá comunicarlo y ayudar a otras personas. Un fondo de inversión libera del tiempo y atención para las empresas de las que puede ser dueño. La creación de un mayor patrimonio le permitiría, con el tiempo, una jubilación a una edad temprana, iniciar un negocio propio, adquirir una propiedad adicional o cumplir muchos otros objetivos patrimoniales que difícilmente alcanzará si solo ahorra.

¡Comience su transformación!

CONSTRUIR DISCIPLINA

Los inversionistas más exitosos no son los más inteligentes, sino los más disciplinados.

Warren Buffett

Si ya hablamos de cómo construir confianza y transitar del progreso a la transformación, entonces es indispensable hacerlo también sobre la construcción de la disciplina, un elemento que forma parte de la fórmula de éxito bursátil comentada en la primera parte de este libro.

Warren Buffett señala que los inversionistas más exitosos no son los más inteligentes, sino los más disciplinados. La disciplina es básica para el éxito en cualquier actividad, no solo en las inversiones. Sin embargo, es difícil lograrlo.

Compartimos cinco aspectos clave para conseguirlo. Los encontramos en el libro de Terry Crews, actor y exjugador de la NFL, titulado *Manhood: How to be a better man-or just live with one* (lo podríamos traducir como: *Hombría: cómo ser un mejor hombre o simplemente vivir con uno*). Piense en todas las metas que podría alcanzar con solo tener un poco más de disciplina. ¡La recompensa vale el esfuerzo!

1. Deshágase de las tentaciones. Muchas personas sufren problemas de alcoholismo. Tras malas experiencias, deciden abandonar el vicio. Sin embargo, muchos de ellos regresan. La disciplina no trata sobre rechazar cosas que tienes frente a ti, el secreto está en evitar toda situación que te haga caer en tentaciones. Así que si tiene un problema con las donas, ¡no vaya por su café a la tienda de donas! No trate de buscar el «momento ideal» del mercado.

2. No actúe tan rápido. Hay cuatro momentos en los que puede perder el control. Estos son cuando se siente hambriento, enojado, solo o cansado. En estos estados de ánimo debe mantenerse más consciente y enfocado, pues bajo estas circunstancias es cuando se toman las peores decisiones. Si tiene hambre, consiga algo de comer. Si está enojado, cálmese. Si está solo, llame a un amigo. Si está cansado, descanse un poco. En estos estados se encuentra su lugar más débil y es muy difícil mantener la disciplina desde esta postura.

3. No espere a sentirse bien. El cerebro está compuesto por diferentes partes, pero hay dos importantes para mejorar nuestra disciplina. Por un lado, los núcleos basales. Son responsables de generar hábitos en la vida diaria, es la parte del cerebro que nos hace realizar actividades sin pensar, como tomar café en la mañana, conducir por el mismo camino o cepillarnos los dientes. Por el otro, la corteza prefrontal. Esta es responsable de nuestras decisiones, se encarga de crear conclusiones y tomar acción. La disciplina requiere tomar decisiones contrarias a los hábitos diarios. No se deje llevar por cómo se siente, sino por lo que está logrando.

4. Recompénsese con descansos y premios. Nada evitará que se sienta harto de vez en cuando. Por esto necesitamos programar algunas recompensas que nos motiven para continuar en el camino, sin que esto signifique regresar a malos hábitos. Cuando se habla de recompensas inmediatamente pensamos en comida y bebidas y está bien, pero existen muchas recompensas de otro tipo: ver esa película que tanto le ha llamado la atención, leer ese libro que siempre ha querido, tomar el día libre para relajarse porque lo ha hecho muy bien.

5. Perdonarse y avanzar. Eventualmente, va a fallar. Ver algo que no tenía que ver, comer algo que no debía, faltar a una sesión. Recuerde cómo se siente eso, porque el fracaso es temporal solo si no lo toma como una derrota. El fracaso es permanente solo si se rinde. Perdónese y siga hacia delante. Si lo hace las veces suficientes, eventualmente dejará de fallar. Piense en aquellos niños que aprenden a caminar. Caen varias veces, pero después de algún tiempo lo logran. Lo mismo pasará con usted.

EL PROBLEMA DE LOS VAMPIROS

Eres libre de tomar tus decisiones, pero también prisionero de las consecuencias.

Anónimo

Aproveché las primeras semanas de 2024 para leer el título *Wild problems* (*Problemas salvajes*) de Russ Roberts. El autor reflexiona sobre la manera de afrontar decisiones más complicadas que decidir a dónde ir en vacaciones o qué película ver. Casarse o tener hijos son algunas de ellas, y para abordarlas hace referencia al «problema del vampiro».

Digamos que usted tiene la oportunidad de convertirse en un vampiro, obtendrá inmortalidad y poderes sobrenaturales. Sin embargo, solo podría salir de noche, vería morir amigos y familia y mataría para beber sangre. ¿Lo haría? Una decisión difícil, pues una vez convertido en vampiro, no hay vuelta atrás. Va a ser un vampiro para siempre, se convertirá en una persona diferente. Por ello, este dilema se compara con la decisión de tener un hijo. Una vez nacido, incluso si elige no tener nada que ver con él, siempre será padre.

Durante la lectura pensé si convertirse en empresario en Bolsa era una decisión comparable. Tal vez no, pues a diferencia de tener hijos, puedes dejar de ser dueño de empresas en Bolsa vendiendo tus acciones por distintas razones. De cualquier manera, me atrevo a platicar un poco más sobre el problema de los vampiros, pues este podría ayudarle a usted con alguna decisión próxima. Y, por favor, no deje de ser empresario en Bolsa.

HABLAR CON OTROS VAMPIROS

En resumen, no puede saber cómo será una determinada experiencia antes de tenerla, y no puede tenerla hasta cruzarse con ella. No hay una forma fácil de superar el problema de los vampiros, pero puede manejarlo con algunas estrategias, por ejemplo, hablar con otras personas que ya se hayan convertido en vampiros.

Aunque, de alguna forma, también sería peligroso confiar únicamente en el testimonio de amigos vampiros para hacer su elección. Después de todo, ya no son humanos, sus preferencias corresponden a su nueva naturaleza. Cuando las personas toman decisiones, especialmente con consecuencias permanentes, a menudo evitan experimentar o manifestar arrepentimiento al afirmarse a sí mismas: «sí, tomé la decisión correcta», «sí, esto fue definitivamente lo mejor».

Por ello, es importante platicar con personas con estas características: 1) son conscientes de sí mismos e igual de honestos con ellos y los demás; 2) recuerdan y permanecen en contacto con su vida antes de tomar la decisión; 3) tienen una personalidad y disposición similares a las suyas, y 4) han tenido preocupaciones y reservas similares a las de usted sobre la toma de la decisión.

APOYARSE EN LA TRADICIÓN

El hecho de que una práctica, como el matrimonio, haya existido durante siglos, no significa que sea correcta o adecuada para usted. Pero si algo ha funcionado para miles de millones de personas existe en la actualidad a pesar de lo mucho que ha cambiado drásticamente todo lo demás en la sociedad, entonces probablemente posea algún valor.

Recurrir a la biología para tomar una decisión informada puede ser igualmente útil. Si absolutamente todo en el proceso milenario de la evolución humana se ha centrado en el impulso de reproducirse, entonces hay una posibilidad más de no solo manejar el hecho de tener hijos, sino también de encontrarlo profundamente satisfactorio.

Una vez más, esto no significa que deba seguir ciegamente la tradición o la biología al tomar una gran decisión en la vida. Pero, cuando se contempla un futuro desconocido, considerar la tradición puede proporcionar un elemento de seguridad para decidirse por un camino. También un estímulo para asegurarse al doble de que se está tomando la decisión correcta cuando se decide ir en contra de ella.

A pesar de que tomar una decisión importante lo cambiará, no se convertirá en una persona completamente diferente. Sus atributos principales seguirán siendo los mismos. Considere cómo esos atributos se alinearán o no con el futuro prospectivo que está contemplando. Al hacerlo, tenga en cuenta que sus circunstancias y sentimientos actuales, que serán más destacados en su mente, pueden nublar su proceso de pensamiento. Así que mire más profundamente y revise su vida como un todo.

No hay solución para el problema de los vampiros. En última instancia, el futuro es incognoscible. Si espera hasta sentirse completamente seguro de una decisión, es posible que lo haga para siempre. Y es justo aquí cuando el problema del vampiro empata con el de empresario en Bolsa. Si un potencial inversionista espera a que esté todo claro para invertir, seguramente tendrá que hacerlo por siempre y nunca será inversionista en Bolsa.

Hable con otros empresarios en Bolsa, pero con aquellos realmente congruentes, que hayan vivido distintos ciclos de mercado, que se apasionen y entiendan la importancia de conocer las empresas de las que son dueños. Si es así, le aseguro que nunca dejará de querer ser uno de ellos.

TEMOR EQUIVOCADO

El que teme es un esclavo.

Séneca

Hablando de decisiones y temores menos profundos que los que enfrentan los vampiros, uno de los más comunes al momento de ser empresario en Bolsa es pensar en que las empresas quiebran.

Los mayores creadores de patrimonios en el mundo son empresarios e inversionistas y dicha condición les permite participar en el mercado accionario. «Me preocupa ser socio de una empresa importante, pues muchas de ellas han quebrado», me responden algunos. La respuesta se suma a otras percepciones equivocadas en México, las cuales por muchos años han impedido la creación de patrimonios.

Efectivamente, muchas empresas importantes en el mundo han quebrado. En EUA, el promedio de empresas que quebraron al año durante los últimos 25 años es de casi 31,000. Algunas cotizaban en Bolsa y en su momento su valor de mercado fue realmente importante. Sin embargo, este temor disminuye cuando sabemos lo siguiente:

1. Son la minoría. Del total de empresas que quiebran, una proporción muy baja pertenece a empresas que cotizan en Bolsa. Para formar parte de este grupo, se deben cubrir varios requisitos como un registro financiero histórico favorable que minimiza dicho riesgo.

2. No es de manera repentina. El proceso de quiebra en una empresa no sucede de la noche a la mañana. Los inversionistas, analistas y estrategas cuentan con la información suficiente para identificar el deterioro gradual de una empresa y dejar de ser dueño si se percibe algún peligro. Las empresas en Bolsa tienen la obligación de presentar públicamente su información financiera cada tres meses.

3. Peligro de una deuda en exceso. Estadísticamente, 80% de las quiebras de empresas en el mundo se relacionan con un nivel de endeudamiento excesivo. En el proceso de selección de emisoras para ser dueños, uno de los seis criterios que se consideran es precisamente evitar empresas con alto nivel de deuda. Muchos participantes fallan al asumir el riesgo de comprar estas acciones suponiendo que el problema de la deuda será solucionado y, entonces, el precio de las acciones subirá de manera importante (por eso el primero objetivo en SNX es conocer y controlar el riesgo).

4. Diversificación. Un buen inversionista diversifica su portafolio. Existe un alto riesgo al ser dueño de una sola empresa. El número mínimo para evitar un «riesgo por concentración» es de seis. ¡No van a quebrar las seis!

Otro argumento que elimina este temor es que, además de identificar oportunamente compañías en un proceso de descomposición, la inversión en Bolsa te permite dejar de ser dueño de estas tan rápido como lo que dura hacer una llamada para pedir vender esas acciones. Si no se tratara de una empresa pública (en Bolsa), dejar de ser dueño sería mucho más complicado.

EL CUENTO INCOMPLETO DEL PESCADOR

Muy pronto en mi vida fue demasiado tarde.

Marguerite Duras

¿Conoce el cuento del pescador en el muelle? Yo lo escuché por primera vez hace muchos años, cuando iniciaba mi «viaje» en la actividad laboral, y desde entonces lo he oído en distintas ocasiones.

Se trata de una persona muy trabajadora que todas las mañanas, cuando se dirigía a su trabajo, veía a un humilde pescador en un muelle con su caña. Todos los días sucedía lo mismo. Un buen día, esta persona se desvió hacia el muelle, se sentó junto al pescador y le preguntó cómo pasaba tanto tiempo pescando habiendo tantas cosas por hacer. El pescador le respondió con otra pregunta: «¿A qué se dedica usted y para qué?». La persona le contó de sus largas horas laborales, su extenuante trabajo, lo temprano que se levantaba todos los días para evitar el tráfico, todo ello con objeto de lograr un patrimonio que le permitiera en su vejez tener tranquilidad, balance y tiempo para disfrutar.

El pescador contestó que todo eso que buscaba, él lo hacía en ese momento: disfrutaba de su tiempo pescando.

LUEGO DE UNOS AÑOS

Como dije antes, este cuento lo escuché por primera vez hace muchos años y me hizo reflexionar sobre el «balance de vida». Pensé que había entendido el mensaje de cuidarse y no desgastarse demasiado, pero hoy, a mis 60 años, me parece que el cuento está incompleto.

Me imagino el resto del día, de los meses y de los años del pescador: ¿Qué sucedía después de que acababa de pescar? ¿En donde vivía? ¿Qué comería además de pescado? ¿Tendría familia? ¿Cómo haría para mantener a su familia? ¿Qué habrá sido de sus hijos? ¿Conoció algún lugar además del muelle? ¿Cómo habrá pasado su vejez?

La esperanza de vida en el mundo es cada vez mayor, pero no se trata de cantidad de años vividos, sino de la calidad con las que uno los vive. Entre más leo y más escribo, más me convenzo de la importancia de atender una buena educación financiera.

MILLONARIO VERSUS ALTO PATRIMONIO

Era tan pobre que no tenía más que dinero.

Joaquín Sabina

Siete cifras de riqueza es un logro significativo que indica éxito y estabilidad. Las personas con grandes fortunas forman una columna vertebral económica en EUA, mientras que las de alto patrimonio neto (HNWI: *High Net Worth*) ejercen más influencia en los mercados financieros. Conocer sus características y estrategias es útil. En esta nota tutorial «Cultura SNX», aprenderemos más de ellos.

LOS MILLONARIOS EN EUA

Tienen entre 100,000 y un millón de dólares de activos líquidos con un ingreso familiar anual superior a 75,000 dólares. Estas personas tienen menos recursos financieros que las de alto patrimonio neto, y representan cerca de 26% de la población de EUA. También son la segunda subsección económica más grande de consumidores en el país, viven un estilo de vida de clase media-alta y poseen activos líquidos sustanciales (a diferencia de los activos no líquidos, como los bienes raíces).

Por otro lado, los HNWI poseen al menos un millón de dólares en activos líquidos, excluyendo activos como una residencia principal u objetos de colección. Se dividen en tres subgrupos: 1) tienen activos líquidos de entre uno y cinco millones de dólares; 2) poseen un patrimonio neto muy alto (VHNWI) y activos líquidos de entre cinco y 30 millones, y 3) con un patrimonio neto ultra alto (UHNWI), poseen más de 30 millones en activos líquidos.

Debido a sus importantes activos, a menudo requieren servicios especializados de asesores financieros y administradores de patrimonio, incluidos la gestión de inversiones, asesoramiento fiscal, asistencia con fideicomisos y patrimonios, y acceso a fondos de cobertura y empresas de capital privado.

Los HNWI desempeñan un papel crucial en la economía porque a menudo invierten en empresas, bienes raíces y mercados financieros que pueden impulsar el crecimiento económico, crear empleos y estimular la innovación. Del mismo modo, debido a su situación financiera, frecuentemente tienen acceso a oportunidades de inversión exclusivas, acuerdos de capital privado y productos y servicios financieros de alto nivel que pueden no estar disponibles para el público en general. Por último, ellos suelen priorizar la riqueza multigeneracional. Trabajan con planificadores patrimoniales y asesores financieros para garantizar una transición fluida de los activos a los herederos o beneficiarios. Como resultado, generalmente organizan fideicomisos en vida y crean testamentos para garantizar que sus deseos sobre su riqueza se cumplan de manera detallada.

¡ATENCIÓN!

Cuando se analiza la estructura de los portafolios promedios de los individuos con alto patrimonio neto, independientemente de su edad, 50% corresponden al mercado accionario, es decir, son prioritariamente empresarios en Bolsa.

Debemos considerar tres diferencias clave entre las personas con gran poder adquisitivo y los HNWI:

1. Activos líquidos. Las personas con gran poder adquisitivo tienen menos riqueza que los HNWI. En concreto, esta oscila entre 100,000 y un millón de dólares en activos líquidos. Además, las personas con gran poder adquisitivo, por definición, tienen un ingreso anual de al menos 75,000 dólares, mientras que los HNWI no tienen un umbral de ingresos como parte de su categorización. En cambio, los HNWI únicamente tienen activos líquidos de más de un millón. Además, se dividen en distintos grupos a medida que el monto de sus activos aumenta.

2. Tamaño de la población. La categoría de masas adineradas abarca alrededor de 26% de la población de EUA (un total de 32.3 millones de hogares). Por otro lado, los HNWI representan un 10% de la población (12.1 millones de hogares). Como resultado, existe una mayor concentración de riqueza entre un menor número de hogares.

3. Características distintivas. Los dos grupos también tienen conjuntos de características definitorias. Por ejemplo, 40% de las personas adineradas pertenecen a la generación *baby boomers* (hoy de entre 54 y 72 años). Además, por lo general (aunque no exclusivamente) son trabajadores de cuello blanco y están casados. Por el contrario, los HNWI se inclinan hacia la actividad empresarial y normalmente han construido y vendido un negocio a lo largo de su vida.

4. Cálculo patrimonial. Usted puede calcular su patrimonio neto con una fórmula sencilla. Para hacerlo, restará sus pasivos (específicamente cualquier deuda sustancial que tenga) de sus activos. Recuerde: si bien las personas con gran poder adquisitivo y los HNWI no cuentan sus residencias principales en el cálculo de su patrimonio neto, si usted no se encuentra en una de esas categorías, contar su residencia principal para su patrimonio neto le ayudará a ver su capacidad financiera total. Las casas y los autos de propiedad, no los que se rentan o alquilan, generan gastos. La naturaleza de un activo patrimonial es generar ganancia y no gasto, por ello no se consideran.

Ahora, para aumentar el patrimonio neto, podemos considerar tres estrategias probadas.

1. **Utilice interés compuesto.** Reinvierta las ganancias de sus ahorros o inversiones y comience a invertir o ahorrar lo antes posible. Cuanto más tiempo tenga que capitalizar su dinero, más significativo será el crecimiento con el tiempo
2. **Invierta consistentemente.** Una inversión exitosa requiere contribuir regularmente a su cartera, independientemente de las condiciones del mercado. Recuerde que el mercado de valores en EUA

(S&P 500) ha proporcionado un rendimiento promedio anualizado de más de 10% en los últimos 50 años.

3. **Minimizar la deuda.** Implica gestionar y reducir pasivos, como deudas de tarjetas de crédito, hipotecas y préstamos. Al hacerlo, se reduce el interés que paga y se libera una mayor parte de sus ingresos para ahorros e inversiones. Específicamente, si se concentra primero en pagar las deudas con intereses altos, ahorrará dinero con el tiempo.

HABILIDAD DESEABLE #1

Si caminas solo, iras más rápido;
si caminas acompañado, llegarás más lejos.

Proverbio chino

Este capítulo asocia el optimismo con la integración laboral. Heidi Gardner, miembro distinguido del Centro de Profesiones Legales de la Facultad de Derecho de Harvard y presidenta del programa de la clase magistral de liderazgo sectorial, comenta que, luego de una década de enseñanza e investigación en las escuelas de negocios y derecho, descubrió una idea importante y que a menudo se pasa por alto. A saber: las personas que lograron colaborar entre equipos obtuvieron una gran ventaja competitiva sobre aquellos que no lo hicieron.

Cuando se trata de contratar, los colaboradores inteligentes son candidatos altamente deseables. Ofrecen resultados de mayor calidad, son promovidos más rápido, son más notados por la alta gerencia y tienen clientes más satisfechos. No obstante, Gardner asegura que las habilidades de colaboración son raras, especialmente entre los hombres.

Un estudio de la firma McKinsey de 2021 encontró que las mujeres líderes versus hombres en su mismo nivel tenían el doble de probabilidades de dedicar un tiempo sustancial a los esfuerzos de colaboración que estaban fuera de su trabajo formal. Ser colaborador no es fácil. Pero el objetivo principal es simple: reunir a las personas para resolver problemas y aprender algo nuevo. He aquí cómo mejorar:

1. Sé un líder inclusivo. Seas o no el líder del proyecto, toma medidas para reunir a personas diversas. La mentalidad siempre debe ser: «Esa persona piensa diferente a mí. Ellos saben algo que yo no sé, y puedo aprender mucho». Estas personas deberían tener diferentes dominios de conocimiento. También deben representar distintos antecedentes profesionales, edades y experiencias de vida.

2. Muestra aprecio y reconocimiento. Un estudio realizado en Harvard encontró que los trabajadores, sobre todo hombres, a menudo dan por sentadas sus redes profesionales. Durante las entrevistas de trabajo, debido a que no reconocieron (agradecieron) cuánto apoyo recibieron de sus colegas, creyeron, y proyectaron, ser más independientes de lo que realmente eran. Por ello, aunque la mentalidad de «yo primero» es un factor decisivo para los gerentes de contratación, también puede desviar la atención de aspectos más importantes.

3. Pida ayuda. Si está a cargo de presentar un reporte semanal, pero lo hace únicamente por su cuenta, podría ser porque cree que su opinión es la más valiosa. Pero si se comunica con expertos de diferentes áreas para obtener información, es probable que sus puntos de datos sean más convincentes. No olvide mencionar los nombres de los que contribuyeron, así como su experiencia. Esto le dará más credibilidad a su informe.

4. Colaboración colectiva. Ofrezca a las personas una forma de aprender sin tener que ser parte de cada equipo. El deseo de aprender es un impulsor frecuente del compromiso voluntario. Las comunidades creadas a través de herramientas de mensajería (WhatsApp) son excelentes para estimular formas virtuales de colaboración.

5. Comparta flujos de datos. Los cuadros de mandos y paneles son herramientas eficaces por varias razones: 1) permiten medir el progreso versus los objetivos establecidos; 2) cuando se comparten públicamente, crean una sensación de presión de grupo (posibilitan que los resultados de los líderes se comparen con los generados por sus compañeros); 3) hacen que la información crítica sea accesible volviendo el proceso de inclusión más transparente. El punto no es ocultar datos, sino más bien hacerlos accesibles y útiles para audiencias específicas.

¿VIVIR MÁS O VIVIR MEJOR?

> ¿Solo se vive una vez? ¡Error! Se vive todos los días y solo se muere una vez.
>
> **Snoopy (Charles M. Schulz)**

En México, la esperanza de vida ha aumentado considerablemente. En 1930, las personas vivían un promedio de 34 años. Cuarenta años después, en 1970, este indicador se ubicó en 61 años. En el 2000, fue de 74, en el 2019 fue de 80 y actualmente es de 83.

La mayoría de las personas contestamos que, independientemente de vivir muchos años, nos interesa vivir lo mejor posible. Vivir mejor puede tener un significado distinto para cada uno de nosotros. Pero, en general, creo que la mayoría relacionamos vivir mejor con el hecho de contar con buena salud, buenas relaciones familiares y con amigos y estabilidad económica. Cuando queremos saber cómo lograr mayor longevidad, todos los estudios recomiendan incluir hábitos como hacer ejercicio regularmente, tener una dieta saludable y equilibrada, mantener un peso saludable, evitar el tabaco y el alcohol en exceso y reducir el estrés.

EN FRANCIA, POR EJEMPLO...

The Wall Street Journal (especializado en temas financieros, pero que atiende además otros importantes) publicó un artículo en el 2023 señalando que en Francia habitan hoy dos de las personas más viejas del mundo y lo que los franceses hacen de manera diferente para mantenerse saludables.

Jeanne Calment fue una francesa que llegó a los 122 años, y el 17 de enero de 2023, una monja del mismo país llamada André falleció a la edad de 118 años. Es difícil determinar exactamente qué ayuda a las personas a vivir más allá de los 100 años, teniendo en cuenta los diferentes comportamientos de quienes han llegado a vivir ese tiempo, pero hay ciertos factores que pueden dar a Francia la ventaja sobre la longevidad, afirma Jean-Marie Robine, director de investigación en el Institut National de la Santé et de la Recherche Médicale (INSERM) en Francia. Aquí algunas razones por las que los franceses tienden a tener algunos años de bonificación:

1. La educación es gratuita. «Las personas más educadas tienen una esperanza de vida más larga», dice Robine. «Valoran más la longevidad y la buena salud. Tienen un mejor conocimiento sobre qué hacer y qué no hacer si quieren mantenerse saludables». Aquellos que han recibido más educación, también tienen una mejor comprensión de qué alimentos comer para la longevidad y qué ejercicios incluir en su vida diaria.

2. El acceso a la asistencia sanitaria es gratuito. Los países con la esperanza de vida más alta, incluidos Francia, Japón y Dinamarca, brindan atención médica gratuita. «Y esta es una diferencia importante», afirma Robine al comparar las expectativas de vida de diferentes países.

3. Mejores opciones dietéticas. Los residentes del sur de Francia, donde nacieron Jeanne Calment y André, tienen una dieta mediterránea que prioriza las frutas, verduras, granos enteros, mariscos y grasas saludables, y limitan o eliminan el consumo de carne roja, lácteos y dulces. Cuando se compara el norte de Francia con el sur, hay una diferencia de dos años en la esperanza de vida, que puede atribuirse, en parte, a la dieta. El clima también es un factor importante, ya que los inviernos y veranos en el sur de Francia son menos duros. En relación con la dieta en otros países, dice Robine, «la gente está comiendo demasiada grasa y sal».

Recuerde: la creación y conservación del patrimonio debe tener un fin y no se trata simplemente de tener dinero. Pero para disfrutar correctamente del patrimonio, una buena salud es indispensable.

LA FÓRMULA PARA LA LONGEVIDAD

Envejecer es todavía el único medio que se ha encontrado para vivir mucho tiempo.

Charles Augustin Sainte-Beuve

Como vimos en el capítulo anterior, los genes, los hábitos saludables y los factores ambientales juegan un papel fundamental en la longevidad. Pero hay un predictor aun mayor de salud y felicidad en la vejez: la calidad de las relaciones.

El estudio de la Universidad de Harvard titulado *El desarrollo de adultos* comenzó en 1938, cuando los investigadores empezaron a rastrear a 268 estudiantes de segundo año. Entre los primeros participantes se encontraba el futuro presidente de EUA, John F. Kennedy, y el futuro editor del *Washington Post*, Ben Bradlee. Es una de las investigaciones longitudinales más extensas del mundo, y descubrió que tener relaciones cercanas es el mejor predictor de la longevidad y ayuda a retrasar el deterioro físico y mental. «A las personas les va mejor cuando tienen relaciones cercanas (...). Y si no puedes tener relaciones cercanas con la familia, puedes crear una segunda familia con amigos cercanos».

Para los jubilados que se han distanciado de sus familiares, la reconciliación es extraordinaria. Se genera mucha alegría al restablecer una relación rota, además de aumentar sus probabilidades de vivir más tiempo, aunque el motivo de la reconciliación nunca debe ser solo aumentar la longevidad, sino verdaderamente poner fin al distanciamiento.

EN UNA RECONCILIACIÓN...

Los especialistas recomiendan que, si va a iniciar el contacto de reconciliación, prepárese para el impacto. No asuma que todo saldrá bien. «Si toma el camino correcto, es posible que la otra persona no lo haga o no pueda responder al mismo nivel (...). Es posible que deba asumir más responsabilidad de la que cree que es correcta o justa».

¿De qué debería hablar? ¿Empezar con una disculpa y esperar escuchar una a cambio? Esa es una estrategia arriesgada. En lugar de centrarse en quién tenía razón y quién no, pase a un tema más seguro. Mirar hacia adelante y expresar interés en fortalecer los vínculos. «Es mejor discutir nuevas experiencias compartidas (...). Es necesario tomar la decisión de que es inútil permanecer apegado a los agravios y aferrarse a los resentimientos. Si se obsesiona y reflexiona sobre lo que le hicieron, se está enfermando. No los está enfermando».

Lucy Blake, profesora titular de Psicología en la Universidad del Oeste de Inglaterra, cita dos características de las relaciones sólidas o de alta calidad: 1) están relativamente libres de conflictos, y 2) existe un afecto duradero que ambas partes comparten. «Las relaciones de alta calidad tienen niveles de conflicto bastante bajos o promedio (...), y si hay conflicto, se resuelve bien. La segunda cosa es que hay sentimientos cálidos por la otra persona».

No hay garantía de que las relaciones felices prolonguen nuestra vida. Pero vale la pena intentar cultivar tantas como podamos, mientras lo podamos hacer.

LOS SEPTENIOS

No hay ni victoria ni derrota en el ciclo de la naturaleza: hay movimiento.

Paulo Coelho

Advertí que usted encontraría algunos capítulos en esta segunda parte del libro que parecerían no estar muy relacionados con la inversión bursátil, pero si con un optimismo integral. Es nuevamente el caso.

La antroposofía divide el desarrollo personal en ciclos de siete años. Marcan la evolución de la conciencia de cada persona y se reflejan en cambios en su vida. Un proverbio chino afirma que la vida humana tiene tres fases: 20 años para aprender, 20 para luchar y 20 para alcanzar la sabiduría. Goethe decía que la juventud es una época de idealismo; la adultez, de escepticismo; la ancianidad, de misticismo. Una vida humana parece presentar tres grandes fases con periodos de siete años. La antroposofía se basa en la filosofía de Rudolf Steiner, quien divide así las fases:

1. De 0 a 7 años. Todo niño debería tener la oportunidad de completar su formación en un ambiente acogedor hasta que entra en la edad adulta. La pérdida de los dientes de leche se considera un signo visible de esta transformación interior y marca el momento en que, según la antroposofía, el niño se halla plenamente preparado para la vida escolar.

2. De 7 a 14 y de 14 a 21 años. El segundo ciclo de siete años está marcado por la pubertad y da lugar a la madurez sexual; el tercero lleva a la madurez social, cuando el joven se siente plenamente adulto.

3. De los 21 a los 28 años. Se desarrolla la sensibilidad, el autodominio y la autoafirmación creativa. Comienza el segundo ciclo de tres septenios en torno a la vida social y laboral. Muchos grandes autores escribieron sus principales obras a los 28 años.

4. De los 28 a los 42 años. Se desarrolla una fase vital clave, de máximo desarrollo. A los 35 años, Siddharta Gautama alcanzó la iluminación y una edad semejante tendría Jesús en el momento en que su vida culmina y acaba. Dante Alighieri inicia la *Divina comedia* afirmando que se halla, a los 35 años, en medio del camino de su vida. En la Edad Media y en la Antigüedad se consideraba que la vida tenía una duración natural de 70 años. Las capacidades físicas y mentales tienden a culminar a los 35. A esta edad, los jugadores de ajedrez suelen llegar a su máximo nivel.

SEGUNDA MITAD

Si en la primera mitad de la vida nos formamos, en la segunda surge el impulso de darnos al mundo a través de nuestra vocación o de nuestro rol familiar. Esta etapa se prolonga hasta los 42 años. A partir de esta edad, experimentamos la existencia plenamente madura y desarrollada. «La vida empieza a los 40», suele decirse, pues conlleva nuevas motivaciones. Luego, el arco vital empieza a curvarse hacia abajo y nos toca ir alejándonos del mundo externo para profundizar en nuestro propio interior.

El buen envejecer irradia dignidad y una serena aceptación de la vida y la muerte. Se pierde fertilidad y reduce el vigor, pero se abren caminos de crecimiento en libertad interior y en sabiduría. Giuseppe Verdi, Richard Strauss y muchos otros compositores siguieron creando pasados los 80 años.

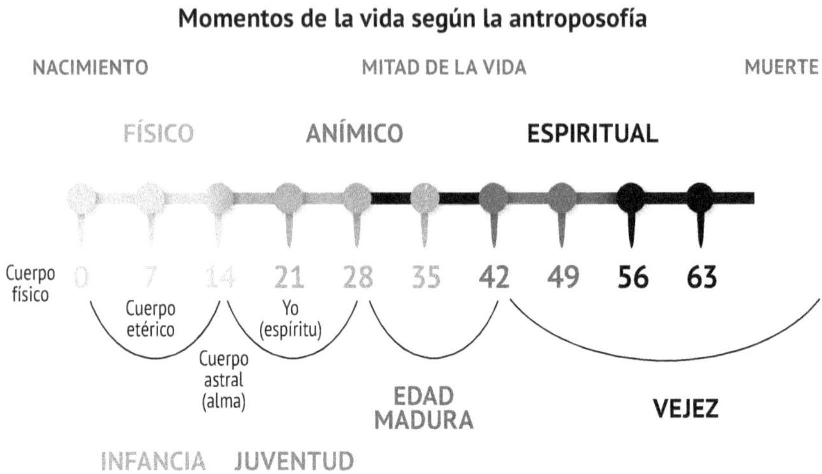

Fuente: Sociedad Antroposófica en Argentina.

REFLEXIÓN DE UN VIAJERO OPTIMISTA

No hay llave para la felicidad, la puerta siempre está abierta.

Anónimo

Cumplir 60 años (mi edad actual), me hizo reflexionar sobre mi viaje a esta edad, y concluyo que, en comparación con mi yo más joven, estoy en paz, agradecido y contento. Seguro de lo que quiero y de cómo llegar.

Todos los días escribo sobre el proceso de construcción patrimonial a través de la inversión bursátil, pero será su decisión personal en asuntos familiares, profesionales y financieros (tiempos y magnitud de ejecución), la que lo llevará más allá que cualquier cantidad de conocimiento o recomendaciones.

Sin embargo, para terminar esta sesión de optimismo integral, aquí tiene una selección de pensamientos propios y de personas que admiro que me han sido útiles en mi viaje (sin un orden especial) y que, con el aprecio de siempre, no dudé en compartir con mis lectores. Como comento con frecuencia, «nadie sabe más que nadie, solamente conocemos sobre cosas diferentes y por ello nos enriquece compartirlas».

1. Saber que aquello en lo que se enfoca la mente se hace más grande. Si pensamos constantemente cosas malas, entonces ello ocupará una cantidad desproporcionada de nuestro espacio mental. Pero si nos enfocamos en éxitos recientes y nuevas metas, no solo nuestros días serán más agradables, sino que lo molesto se desvanecerá en un segundo plano.

2. No tomarse las cosas como algo personal. Desde el creciente uso de la comunicación por chat, cuando alguien envía un mensaje y no se responde pronto, se asume indiferencia o malestar. En realidad, 99.9% de las ocasiones se debe a que quien lo recibe simplemente está ocupado. Incluso cuando las personas están molestas, no se trata de uno, se trata de ellas. Tuvieron un mal día o un mal rato. Nuestra vida será mucho fácil si no nos lastimamos mentalmente asumiendo que las acciones de otras personas son sobre nosotros.

3. Expresar gratitud todos los días. El hábito que facilitará esta adopción es tomarse un momento todos los días para reconocer cosas buenas que tenemos. Los expertos recomiendan escribir una lista de gratitud de, al menos, cinco cosas, y enviárnosla por correo electrónico o antes de terminar el día. Cuenta una historia que dos monjes oraban todos los días. Uno de ellos siempre con un gesto de alegría y el otro con una expresión adusta. Luego de mucho tiempo, el segundo preguntó al primero cuál era su receta para orar con esa expresión de alegría. El monje contestó: «Cuando oramos, tú pides y yo agradezco».

4. Defenderse, pero no actuar con derecho. Hay una línea muy delgada que divide a las personas que piensan que se les debe todo y aquellas que tienen miedo de pedirlo todo. No estemos en ningún lado de esta línea.

5. Pedir el 100% de lo que se quiere al 100% de las personas el 100% del tiempo. Un gran consejo del libro de David Richo, *Cómo ser un adulto*. Ser sincero sobre nuestras necesidades y deseos elimina mucha angustia. Las solicitudes razonables no deberían dañar ninguna relación.

6. No detenerse con el rechazo (fracaso). La única manera de lograr cosas es hacerlas. Si no funciona a la primera, hay que intentarlo de nuevo. Cada rechazo (fracaso) es un aprendizaje.

7. Reconocer que el dinero te da libertad. Como hemos dicho varias veces, la creación del patrimonio no es un fin sino un medio para atender cosas más importantes.

8. Siempre negociar correctamente. Todos negociamos desde siempre, pero una buena negociación no es cuando sentimos que «ganamos», sino cuando ambas partes ganan y están satisfechas.

9. Comience a invertir temprano. Invertir temprano hace que ciertos objetivos se alcancen a una edad menor. Recuerde que «la segunda fuerza más poderosa del universo es el interés compuesto». Lo único que no podemos perder es nuestro tiempo.

10. Una cosa a la vez. Coma cuando coma. Camine cuando camine. Disfrute de los sabores y texturas de sus alimentos. Preste atención a la sensación de su pie descalzo sobre el piso de madera. No realice múltiples tareas.

11. Aceptemos y disfrutemos dónde estamos ahora. La vida siempre cambia y pronto el ritmo actual de nuestros días se transformará en algo nuevo, como ha sucedido en mi caso en 60 años. Creo que se debe disfrutar a totalidad cada etapa para así poder pasar y disfrutar la siguiente, sin pendientes de las anteriores.

12. Barrer nuestro lado de la calle. Otro gran consejo del curso *Something different*. Si usted tiene un problema con alguien, primero averigüe qué hizo mal. No puede encontrar una solución al problema hasta que también sepa cómo contribuyó a él, y no haremos las paces hasta que reconozcamos nuestro papel.

13. Saber que las personas que hablan de otras personas a sus espaldas también hablan de nosotros a nuestras espaldas. Estas personas no son verdaderos amigos. La buena noticia es que sí existen amigos verdaderos en quienes confiar.

14. No guardar rencor. Guardar rencor agota energía (recuerde: ¡aquello en lo que su mente se enfoca se hará más grande!). Establezcamos límites, pero que no nos preocupe la razón que hubo para establecerlos. Aprender la lección y seguir adelante.

16. Siempre hacer nuestro mejor esfuerzo, para que nunca nos arrepintamos o nos preguntemos «¿qué pasaría si...?».

17. El cambio duradero en la vida comienza con los hábitos diarios. Si imaginamos un futuro diferente, no será porque algún día cambiará la vida actual y nos convertiremos en una persona completamente nueva. ¿Qué podemos hacer ahora para llegar allí? Comenzar a incorporar lo que buscamos. Eventualmente, el hábito crecerá y con persistencia alcanzaremos metas. E. L. Doctorow dijo: «Escribir una novela es como conducir un coche de noche. Solo puedes ver hasta donde alcanzan tus faros, pero puedes hacer todo el viaje de esa manera».

18. Preguntemos: «¿Importará esto dentro de un año?».

19. Trate a los demás como quisiera que lo trataran. Si es empleado, piense como jefe, y viceversa. Hágalo como padre e hijo, alumno y maestro, esposo y esposa, entrenador y discípulo, amigo. Todos tenemos nuestro propio equipaje, problemas y preocupaciones. Estamos en la búsqueda de nuestra felicidad y tenemos la libertad para perseguir nuestros propios sueños. No es una situación en la que el ganador se lo lleve todo. Ayudar a alguien y ser amable tendrá efecto dominó. Si alguna vez alguien ha hecho algo bueno por usted, probablemente haya sentido el deseo de devolverle el favor, así que ponga en marcha esa cadena usted mismo. La amabilidad cuesta poco, pero paga ricas recompensas a todos.

20. Respete siempre a los demás, sus creencias y costumbres. Otra historia relata que una persona llegó a un cementerio con flores para su difunto. En otra tumba cercana, una persona de origen asiático llevaba un plato de arroz. La persona que llevaba las flores preguntó con tono sarcástico: «¿Cuándo crees que tu difunto va a venir a comerse el arroz?». El asiático respondió: «El mismo día que el tuyo venga a recoger sus flores».

PARTE 3

INTELIGENCIA ARTIFICIAL: LA TERCERA ES LA VENCIDA

ENAMORARSE DEL FUTURO

Nunca dejes de sonreír, ni siquiera cuando estés triste,
porque nunca sabes quién se puede enamorar de tu sonrisa.

Trece líneas para vivir

Esta tercera parte del libro trata sobre la oportunidad que representa la nueva ola tecnológica llamada Inteligencia Artificial (IA). Siempre procuro que mis libros sean atemporales y resulten útiles al lector, sin importar cuándo se escribieron. Que sean importantes por las reflexiones y las experiencias compartidas y no tanto por las fechas, cifras, cuadros o gráficas, pues, de ser así, resultarían obsoletos casi de inmediato. En la IA, las cifras estimadas serán obsoletas en plazos infinitamente menores.

Al inicio de 2024, aparecieron pronósticos y expectativas de lo que esta tecnología puede significar en unos años a futuro. Estoy seguro de que, si usted vuelve a tomar este libro en unos años más, se dará cuenta de que esos pronósticos se quedaron cortos. Es una característica de la tecnología y más aún cuanto más pasa el tiempo.

La inteligencia artificial crecerá y nos sorprenderá no solo por la velocidad con la que un mayor número de personas acceden y accederán a ella, sino por el desarrollo que tendrá en su tecnología. Piense, por ejemplo, en los autos o en los teléfonos: sus diseños y funciones actuales son infinitamente distintas y mejores a los primeros. Esto los ha hecho crecer también en su demanda a través del tiempo.

La siguiente gráfica compara la velocidad con la que distintos productos asociados con la tecnología alcanzaron en el mundo 50 millones de usuarios. Mientras que los aviones, automóviles y teléfonos tardaron 64, 62 y 50 años, respectivamente, en llegar a esa cifra, la aplicación ChatGPT de OpenAI, el referente de la aparición de la IA, alcanzó 100 millones de usuarios desde su salida a finales de 2022.

Años en que cada tecnología alcanzó 50 millones de usuarios

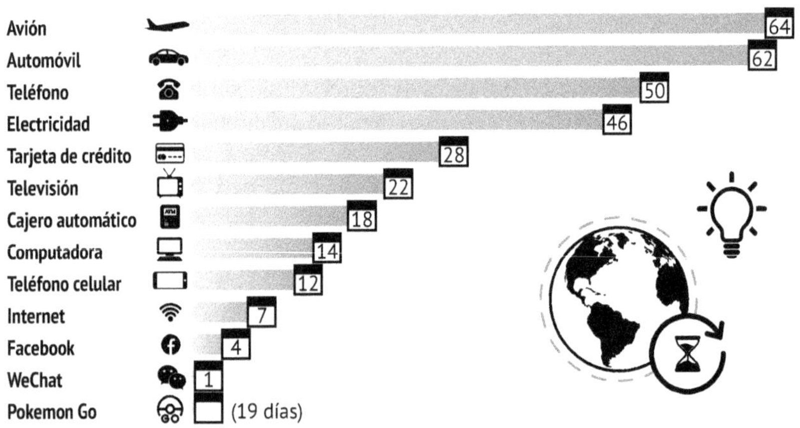

Fuente: Statista Charts.

POCAS EMPRESAS CONSTRUYEN EL FUTURO

Un libro extraordinario titulado *Enamorarse del futuro,* de Miquel Lladó, economista de la Universidad de Barcelona quien se desarrolló profesionalmente como CEO de empresas globales (Bimbo-Sara Lee, PepsiCo/Frito-Lay, Gallina Blanca, etc.) y es asesor y profesor de Alta Dirección en la ESA Business School, habla y comparte recomendaciones sobre la importancia de gestionar el tiempo y no el trabajo. Entre muchos temas interesantes, Lladó señala cómo pocas empresas realmente buscan construir el futuro. Es decir, no se adaptan y avanzan, sino que lo anticipan y lo desarrollan.

Empresas como Amazon realizan cada martes una junta solamente para hablar del futuro, de los productos y servicios que imaginan y que estarán desarrollando. ¿Cuántas empresas puedan pensar y actuar de esa manera? Sin duda, tenemos que buscar ser dueños de esas compañías, pues el bienestar que potencialmente tienen en la construcción de patrimonio asociado con el desarrollo de esas metas ha sido y seguirá siendo extraordinario.

Desde que leí esas páginas, no he dejado de pensar cuántas de las compañías de nuestro Fondo SNX tienen esa característica. Empresas que están construyendo el futuro de manera consciente. La reflexión posterior fue la de enamorase del futuro, pero también a nivel personal. Sentirse realmente entusiasmado por lo que podemos lograr y ponerse a trabajar en ello, gestionando de mejor manera el tiempo.

OLAS DE INNOVACIÓN

Grandes descubrimientos y mejoras implican invariablemente la cooperación de muchas mentes.

Alexander Graham Bell

El economista austriaco Joseph Schumpeter, quien aportó el concepto de innovación a la literatura económica, la definió como «la introducción de un bien (producto) nuevo para los consumidores o de mayor calidad que los anteriores, o de nuevos métodos de producción para un sector de la industria». Schumpeter distingue tres tipos de ciclos económicos que identifica como ciclos de Kitchin (40 meses), Juglar (diez años) y Kondratiev (60 años). Los últimos son los más importantes; se producen a partir de innovaciones «de primer grado» que transforman los fundamentos mismos del sistema económico.

La destrucción creativa es el proceso por el cual una innovación cambia el modelo de negocio predominante de una industria. Esto lo logra transformando las técnicas de producción o de comercialización. Incluso, puede modificarse la misma mercancía final. Bajo ese modelo, el gobierno no puede detener ni dirigir la innovación. La gráfica anexa indica las llamadas olas de innovación que se han vendido desarrollando. Su tiempo es cada vez menor.

Para efectos de una inversión, el participar de manera temprana en una ola resulta estratégicamente oportuno.

El texto anterior lo escribí el 1 de octubre de 2021 en una nota titulada «Oportunidades en etapas tempranas». En aquel momento, nadie imaginaba la fuerte alza en los precios de las acciones tecnológicas que produciría la fuerza de la Inteligencia Artificial (IA) con la llegada de ChatGPT de OpenAI casi dos años después. Sin embargo, la gráfica a la que hacía referencia la nota ya incorporaba la IA en la siguiente «ola se innovación». Esto fortalece y confirma el hecho de que estamos apenas en los primeros años.

Me ha sucedido ya en otros libros que, al momento de leerlos varios años después, me doy cuenta de que aquello que se mencionaba como una posibilidad se convirtió en un hecho real. Algunos los escribí en épocas de crisis y ciclos de baja, y en todos los casos la sugerencia de aprovechar la coyuntura funcionó. Le aseguró que no será muy diferente en este. Ver lo que sucederá con la IA en esta sexta ola de innovación dentro de unos años, únicamente validará la oportunidad de haberla aprovechado siendo dueño de empresas relacionadas.

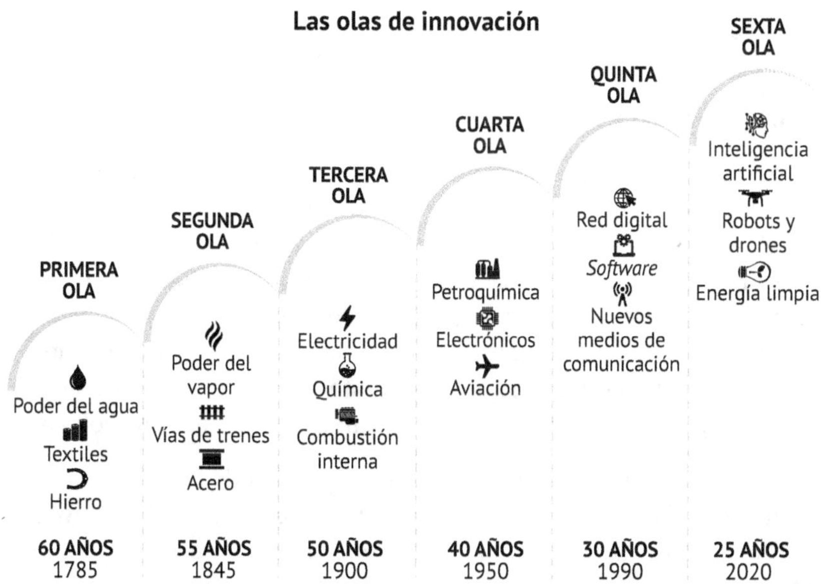

Fuente: Edelson Institute.

LA TERCERA ES LA VENCIDA

Aprovecha la oportunidad en todas las cosas; no hay mérito mayor.

Píndaro

Mi amigo Ulises Ornelas Cabrera, «Toy», es un destacado empresario en el ramo de la tecnología. Tiene una empresa en el área de ciberseguridad que ha crecido muy fuerte. Nos conocimos cuando teníamos 13 años (1977).

HACE 30 AÑOS

Hace 30 años (1993), recién casado, estaba sentado en un pequeño estudio en casa y recibí una llamada telefónica de Toy. Me dijo: «¿Oye, ya estás usando internet?». «No, ¿qué es?», respondí. Me dio una explicación breve e instrucciones para ingresar desde mi computadora. «Escribe www...». «¿Ya viste?, puedes acceder a muchísima información». «Impresionante», respondí. Pero solamente hice eso; con el tiempo me volví un usuario de tiempo completo de internet buscando información para mis análisis y estrategias. Fui parte de los primeros consumidores de dicha tecnología.

Como analista bursátil, me enteré después de la cantidad de empresas que cotizaban en la Bolsa de EUA que habían participado en el desarrollo y uso de esa tecnología y cómo sus acciones habían crecido de manera extraordinaria, favoreciendo como pocas veces el patrimonio de sus tenedores. En mi defensa, podría decir que en ese momento no existía el Sistema de Cotizaciones Internacionales (SIC) de la Bolsa Mexicana de Valores (BMV) que, desde 2003, te permite ser dueño de empresas internacionales operando desde México.

HACE 20 AÑOS

Diez años después (2003), de regreso de un viaje de trabajo por Asia en una «corrida del 10k», el mismo Toy, además de platicarme del viaje, me preguntó si conocía a alguien en el negocio de la telefonía celular, pues había asistido a distintas reuniones y le sorprendió los avances y la perspectiva del sector. «Sí, le respondí, aunque no lo conozco personalmente, puedes asociarte con él. Se llama Steve Jobs y su empresa es Apple». Se rio y me dijo: «No seas así, estoy hablando en serio». «Yo también», le dije. Continuamos corriendo y ninguno de los dos invertimos en Apple, pues en ese año apenas se estaba inaugurando el SIC y había poco conocimiento de este. La empresa ha sido una de las más exitosas y los accionistas han visto crecer sus patrimonios de manera extraordinaria.

Con el avance de la tecnología, hemos perdido capacidad de asombro. Mis hijos no conocieron los teléfonos fijos de disco, no vieron cómo se desarrollaron estos aparatos. Cuando nos referimos a un celular lo asociamos a la telefonía, pero hoy tenemos a través de él tiendas, bancos, entretenimiento, navegadores, cámaras, reloj, etc.

A INICIOS DEL 2023

En las primeras semanas del 2023, Toy y yo salimos a rodar en bicicleta. Durante la tradicional conversación, me comentó, como experto en sistemas, sobre el tremendo potencial de la IA y de las empresas que estaban participando. «Está apenas iniciando, va a evolucionar muy rápido y tendrá alcances que hoy no nos imaginamos. Va a cambiar al mundo». Me había comentado unos días antes de la extraordinaria experiencia que su hija tuvo con el sistema ChatGPT de OpenAI, con el que realizó cuentos animados. Identificó, además de esa empresa, a Google, Meta y Amazon entre las principales ganadoras a mayor plazo.

Hace tiempo entendí la importancia de atender el valor de nuestra experiencia como consumidores en el proceso de identificación de oportunidades para ser dueños de empresas. Pero comprendí también que el conocimiento es importante solamente si lo ejecutas. De nada servirá saber que algo extraordinario sucederá si no se aprovecha. La llamada de la IA fue la tercera en términos de nacimiento de nuevas olas de tecnología disruptiva que he escuchado a lo largo de mi vida profesional.

Las primeras dos señales no las atendí y esta tercera no me volverá a suceder, apenas comienza. ¿Y usted? ¿Pudo participar como accionista de empresas protagonistas de los beneficios de las anteriores? ¿Está participando de esta que recién comenzó en 2023?

SUPERTENDENCIAS

La historia es un incesante volver a empezar.

Tucídides

Durante la crisis financiera de 2008, aquella que se gestó por los problemas de malos créditos en EUA y por un alza desmedida en los precios de las viviendas, leí un extraordinario libro titulado *Supertrends* (o *Supertendencias*) del sueco Lars Tvede. La introducción del libro dice:

> Para tener un gran éxito como inversionista, no tiene sentido fijarse únicamente en los beneficios proyectados de las inversiones para los próximos doce meses. Más bien, es necesario tener en cuenta el panorama general y las tendencias subyacentes a largo plazo para tomar decisiones de inversión astutas. Desde esa perspectiva ampliada, está claro que el valor futuro de cualquier inversión realizada hoy estará directamente influenciado por la evolución de la política, los conflictos, la economía, la demografía, el medio ambiente, los estilos de vida, los negocios, las finanzas y la tecnología. Así que la verdadera pregunta que deberían hacerse los inversores es: «¿Cómo será el mundo en 2050?».

Tvede aseguraba, cuando se publicó el libro en 2009, que el mundo en 2050 sería el resultado directo de la continuación de tres ciclos y 17 tendencias que ya habían iniciado. Cuando se tienen en cuenta estos ciclos y tendencias a largo plazo, hay siete supersectores que superarán al mercado en general durante los próximos 40 años. Él ha estudiado ciclos a través de la historia en distintos sectores y pronosticó en su libro los siguientes ciclos de mayor plazo o supertendencias entre 2010 y 2050:

- De 12 a 18 burbujas y desplomes financieros.
- De 12 a 18 pánicos (temor exagerado a desastres como el «error del milenio», gripe aviar o enfermedad de las vacas locas).
- De una a tres crisis de vivienda globales seguidas de crisis bancarias.
- De tres a cinco colapsos en inversiones de capital.
- De ocho a diez ciclos de inventario.
- De tres a cuatro nuevos *booms* en estilos de vida (tales como *hippies*, *yuppies*, *green*, etc.).
- Y una a dos nuevas corrientes tecnológicas disruptivas que transformarán industrias.

¡Genial! Luego de 15 años, podemos ver que están sucediendo. Habló y anticipó la pandemia y muchas otras cosas, incluyendo la IA.

Los acertados pronósticos de Tvede demuestran la recurrencia de eventos en el tiempo, algunos más importantes que otros por su impacto permanente. Este es el caso de la IA.

De manera puntual, señaló en 2009 que la IA y las computadoras cuánticas conducirían a la superinteligencia recursiva. Afirmó:

> En un número cada vez mayor de disciplinas, las computadoras superan a la mente humana, y cada vez más esto incluye áreas que involucran la intuición. En este contexto, la IA juega un papel muy importante. Además, las computadoras cuánticas están a punto de abrirse paso con poderes para abordar ciertos tipos de cálculos miles de millones de veces más rápido que las supercomputadoras más rápidas de la actualidad, incluido, por cierto, piratear una gran cantidad de cifrado estándar. Todo esto tendrá amplias implicaciones, pero quizás la más importante es que las computadoras se volverán cada vez más brillantes en la formulación de hipótesis científicas y la escritura de *software* y, pronto incluso, mejores que cualquier humano, lo que estimulará el descubrimiento científico desbocado y la innovación técnica.

La transformación está comenzando.

LA IA SERÁ TAN IMPACTANTE COMO LO FUERON LA IMPRENTA, LA ELECTRICIDAD Y LAS COMPUTADORAS

De la misma manera que Lars Tvede anticipó tendencias, otros reconocidos especialistas coinciden en anticipar un enorme potencial de la IA. Jaime Dimon, el veterano CEO y presidente de JP Morgan & Chase, el banco más grande e importante de EUA, dijo en su carta a accionistas publicada el 8 de abril de 2024 que estaba convencido de que la IA tendría un profundo impacto en la sociedad.

Él eligió la IA como el primer tema en el mensaje a sus accionistas, por delante de los riesgos geopolíticos, las adquisiciones recientes y los asuntos regulatorios.

«Si bien no sabemos el efecto total o la velocidad precisa a la que la IA cambiará nuestro negocio, o cómo afectará a la sociedad en general, estamos completamente convencidos de que las consecuencias serán extraordinarias», afirmó. El impacto será «posiblemente tan transformador como algunos de los principales inventos tecnológicos de los últimos cientos de años: piense en la imprenta, la máquina de vapor, la electricidad, la informática e internet».

Su carta, muy leída en el mundo de los negocios debido a su estatus como uno de los líderes más exitosos en finanzas, tocó una amplia variedad de temas, pero su enfoque en la IA, mencionado por primera vez en la de 2017, fue lo más destacado.

JP Morgan & Chase tenía, al momento de publicar la carta, más de 2,000 empleados de inteligencia artificial, aprendizaje automático y científicos de datos que trabajaban en 400 aplicaciones, incluida la detección de fraudes, el marketing y los controles de riesgo. El banco también estaba explorando el uso de la IA generativa en la ingeniería de *software*, el servicio al cliente y las formas de aumentar la productividad de los empleados.

LA NUEVA INTELIGENCIA ARTIFICIAL

Date un regalo de cinco minutos para contemplar con asombro todo lo que ves a tu alrededor.

Wayne Dyer

El 30 de noviembre de 2022, en medio de un creciente temor de los inversionistas por una recesión económica en EUA, luego de años con «altas» tasas de interés y la distracción de otros en la Copa Mundial de Futbol en Qatar, debutó una inteligencia artificial (IA) que pronto se consideró un paso adelante en el avance de esta tecnología: ChatGPT.

Desarrollada por la empresa OpenAI, pudo generar contenidos escritos de forma altamente coherente y muy parecidos a los creados por los humanos. La capacidad ya demostrada y su potencial para mejorar a largo plazo despertaron admiración y entusiasmo. También temor para quienes cuestionan rupturas en áreas como la creatividad, el aprendizaje y la educación, el trabajo, la seguridad digital y la democracia misma.

A principios de 2024, un muy buen amigo me contaba cómo su hija, estudiante de secundaria, en pocos minutos pudo desarrollar, ilustrar y presentar varios cuentos con este programa. Además de las ilustraciones, el programa le proporcionó varios personajes atendiendo a las especificaciones de Frida (la hija de mi amigo). Al final, Frida decidió, a través del programa, el personaje que relataría sus cuentos y la opción de lenguajes en los que podría hacerlo.

En esos días, publiqué una nota comentando aquella experiencia y señalé que estaba naciendo una nueva oportunidad tecnológica. No solo nos podría beneficiar como usuarios, también como empresarios si identificamos a las empresas que construirán esta nueva era.

EL CONTEXTO

El chatbot conversacional, operado por OpenAI y respaldado por Microsoft, irrumpió en escena, como comenté, a finales de 2022, y obtuvo un millón de usuarios en su primera semana en el mercado. La tendencia continuó en los siguientes meses, con una inversión multianual y multimillonaria por parte de Microsoft. Especialistas proyectaron que la plataforma superaría los 100 millones de usuarios activos mensuales dos meses después.

El impulso hacia la IA llegó en un momento en que las empresas de tecnología buscaban reinventarse a sí mismas y a sus negocios. El aumento de la inflación, de las tasas de la Reserva Federal (FED) y un entorno macro turbio habían dado fin a más de una década de crecimiento aparentemente interminable y condujeron al peor año para las acciones tecnológicas desde 2008.

LOS INVOLUCRADOS

Una de las preguntas más importantes que surgieron desde el lanzamiento de ChatGPT fue si la plataforma podría contrarrestar el dominio de búsqueda de Google. Si bien era demasiado pronto para descartar que fuera una amenaza viable, el suceso obligó a Google y a otras empresas a lanzar sus propias versiones antes de lo previsto.

Cuando usted lea estas líneas, seguramente existirá ya un entorno distinto. Sin embargo, mi intención al detallar lo vivido a lo largo de 2023 y principios de 2024 es dejar testimonio de los retos, la rápida evolución y los inicios de esta era. En este momento hay una sensación generalizada de que las acciones de empresas relacionadas con la IA han visto crecer sus precios de manera injustificada (muy fuerte y rápido) en los meses recientes. Es común que las expectativas sean siempre muy altas en el corto plazo, pero que se queden cortas en escenarios de mayor plazo cuando se trata de adelantos tecnológicos.

Aunque extraordinario, ChatGPT estaba siendo solo un ejemplo de los interminables casos de uso que sucederán con la IA. La disponibilidad de la tecnología entre otros grandes proveedores de servicios de información y nube deberá iniciar una «carrera armamentista de IA».

Hago una pequeña pausa para hacer notar que este libro se revisa para su edición en el 2025. Hace unos meses irrumpió una nueva empresa china conocida como DeepSeek que aseguró haber desarrollado aplicaciones para inteligencia artificial tan poderosas como ChatGPT a un menor costo. Esto solo valida el mensaje de evolución de la IA y las oportunidades que genera en diversos ámbitos, tanto para los usuarios como para los desarrolladores.

Por ejemplo, el segmento AWS (Amazon Web Service) de la empresa Amazon se beneficiará de la integración de la IA y el aprendizaje automático en los procedimientos de recopilación y gestión de datos. En su ahora famoso discurso sobre eficiencia, incluso el CEO de Meta Platforms (antes Facebook), Mark Zuckerberg, destacó el uso de la IA para mejorar la productividad de los ingenieros y mostrar contenido relevante a los usuarios. Las herramientas de inteligencia artificial también trajeron a los anunciantes un 20% más de conversaciones sobre sus productos con respecto al año anterior. Por su parte, el CEO de Apple, Tim Cook, señaló sus casos de uso de IA más recientes (en ese momento), como la detección oportuna de problemas en el proceso de producción junto con la función de ECG (su aplicación para realizar electrocardiogramas) en sus relojes y teléfonos inteligentes.

Además de las grandes empresas tecnológicas, las de viajes y transporte como Airbnb, Booking Holdings y Uber se beneficiarán de las herramientas de inteligencia artificial que pueden mejorar y orientar la búsqueda, proteger contra el fraude, predecir la demanda y aumentar la lealtad del cliente.

Recordemos que, como la base de todo lo digital, los fabricantes de chips representan otra área del mercado lista para capitalizar el último impulso de la IA. Antes de la primera mitad del 2023, el director ejecutivo de Qualcomm, Cristiano Amon, destacó el primer chip procesador de cámara alimentado por IA de la empresa. La directora ejecutiva de Advanced Micro Devices, Lisa Su, dijo que ve a la IA como una de las mayores oportunidades de crecimiento para la empresa en los próximos años, destacando sus chips centrados en la IA como MI300 y Ryzen 7000.

INSISTO... ¿QUÉ ESTABA HACIENDO USTED EN 1988?

Aunque hay evidencia desde antes, es 1983 el que se marca como el año en el que nació internet. Fue cuando el departamento de Defensa de EUA decidió utilizar el protocolo TCP/IP en su red Arpanet, creando así la red Arpa Internet. Los avances siguieron y fue en agosto de 1991 cuando usuarios externos pudieron acceder a esa información.

La *World Wide Web* creció rápidamente. En 1993, solo había 100 sitios, y en 1997 más de 200,000. La primera conexión a una red de internet en México ocurrió a finales de 1988. Cuando yo lo conocí, me maravillé (se lo platiqué en el capítulo «La tercera es la vencida»), pero no fue hasta muchos años después que entendí que podía ser dueño de empresas favorecidas por esta tremenda tecnología. De haberlo sabido y hecho antes, el beneficio patrimonial hubiera sido inmenso.

LAS FASES DE LA IA EN EL MERCADO ACCIONARIO

La evolución es un movimiento infinito.

Élisée Reclus

Durante 2023, ante la expectativa del fin de la era de alza de tasas de interés y de una eventual baja, un grupo de acciones tecnológicas, cuyos precios se habían castigado de manera excesiva en el ciclo de baja del mercado accionario de 2022, observaron un fuerte regreso. El alza y recuperación de precios se combinó con el ánimo que originó la IA, pues varias de ellas estaban también involucradas.

Este grupo de empresas fue apodado «las siete magníficas» y estaba conformado por Apple, Microsoft, Google, Meta Platforms (antes Facebook), Tesla y Nvidia.

Esta última es una empresa líder de *software* y *fabless* (término utilizado para empresas fabricantes de semiconductores que carecen de plantas de fabricación propia) que diseña unidades de procesamiento de gráficos, interfaz de programación de aplicaciones para ciencia de datos y computación de alto rendimiento, así como unidades de sistema en chip para la computación móvil y el mercado automotriz. Nvidia era (interesante saber su estatus cuando usted lea este libro) líder absoluto (+80% de participación de mercado) de componentes utilizados para aplicaciones de IA. Por ello, su acción creció más de 260% (dólares) en poco más de un año, siendo la principal protagonista de la euforia por la IA en 2023 y 2024.

En ese momento, muchos inversionistas se preguntaban cuáles empresas serían las próximas ganadoras del crecimiento de la IA. La firma Goldman Sachs (GS) identificó cuatro fases en el impacto fundamental de la IA:

Fase 1: lo necesario para funcionar. La primera y de manera natural fue para las empresas productoras de los chips que la IA requiere para funcionar. Esta fase, ya comentada, fue en la que el monopolio de Nvidia se tradujo en una fuerte alza de sus precios.

Fase 2: Infraestructura. Esta se centrará en las empresas que estén involucradas en la infraestructura necesaria para construir IA, la cual incluye empresas de semiconductores, proveedores de nube, REIT de centros de datos, compañías de *hardware* y equipos, acciones de *software* de seguridad y empresas de servicios públicos.

Fase 3: ingresos habilitados. Así la denominó GS y se centrará en empresas habilitadas para IA con modelos de negocio que pueden incorporarla en las ofertas de productos para aumentar los ingresos. Un ejemplo es Meta Platforms. Las acciones de esta fase promedian en el año un avance de 8.0%, lo que indica que los inversionistas ya han comenzado a operar con la fase 3.

Fase 4: productividad. Se refiere al aumento de la productividad y se centrará en todas las empresas que aprovechen la tecnología de IA para mejorarla. Las mayores ganancias potenciales de eficiencia se producirán en las industrias intensivas en mano de obra con trabajos más expuestos a la automatización de la IA, como el *software* y los servicios comerciales y profesionales. El ejemplo más claro es Amazon.

GS consideró que los participantes del mercado operarían en la segunda y tercera fase más rápido que en la cuarta, ya que muchas empresas en estas dos fases son necesarias para que todas las demás utilicen la tecnología para mejorar la productividad. La mediana de las acciones en la fase 2 cotizaba a múltiplos P/U de 16x ganancias futuras, versus 31x para la tercera fase y 19x para la cuarta.

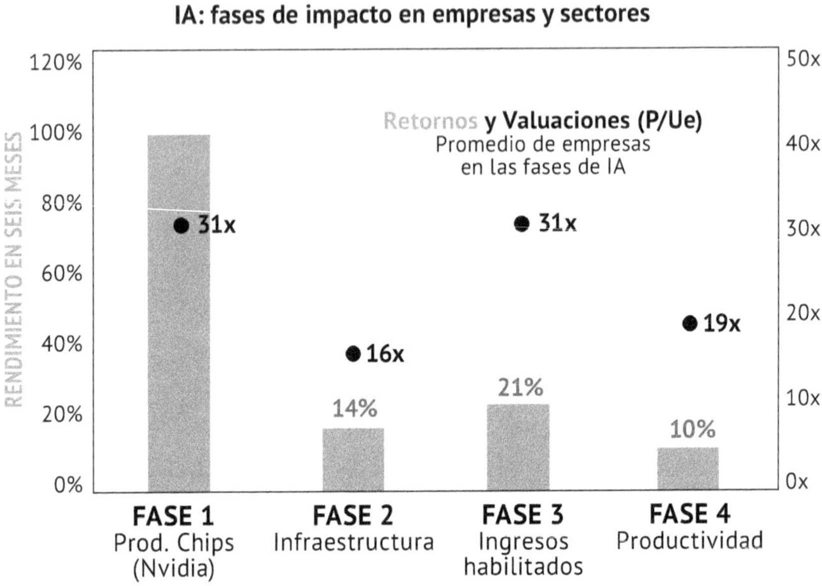

Fuente: Goldman Sachs.

LA IA EN LA PRODUCTIVIDAD LABORAL DE EUA

Concéntrate en ser productivo, no en estar ocupado.

Tim Ferriss

Entre las implicaciones económicas muy favorables que el desarrollo de la IA tendrá para países como EUA, destacará la mejora en la productividad laboral. El Producto Interno Bruto (PIB), los precios al consumidor (inflación) y la tasa de desempleo son algunos indicadores económicos importantes que usa la Reserva Federal (FED) para evaluar la salud de la economía estadounidense.

Pero existe otro indicador clave que se pasa muchas veces por alto y que muestra qué tan bien labora el trabajador promedio. Se llama productividad laboral. «Es un intento de descubrir cuán eficientes son los trabajadores», dijo Jason Furman, profesor de la Escuela Kennedy de Harvard y expresidente del Consejo de Asesores Económicos durante la presidencia de Barack Obama. «Si puedes producir mucho con una hora de trabajo, eres muy productivo. Si no se puede producir mucho, es bastante bajo».

LA IA DEBERÁ CONTRIBUIR AL CICLO DE ALZA

La productividad laboral en EUA ha ido cayendo en los últimos años. El país vecino del norte experimentó cinco trimestres consecutivos de caídas interanuales en la productividad de los trabajadores hasta el inicio de

2024. Esta caída prolongada de la productividad es el primer caso de este tipo desde que la Oficina de Estadísticas Laborales comenzó a rastrear los datos en 1948. «Una productividad lenta significa un crecimiento lento. Significa un lento crecimiento salarial y deterioro del nivel de vida», afirmó Furman. «Es importante para casi todo en la economía».

La productividad laboral representa el volumen total de producción (medido en términos de PIB) producido por unidad de trabajo (medido en términos de número de personas empleadas u horas trabajadas) durante un periodo de referencia temporal determinado. Las variables que influyen en la productividad son: 1) el salario monetario que percibe el trabajador, 2) las condiciones laborales, 3) el salario emocional que se les ofrece, 4) el clima laboral, 5) su motivación, compromiso e implicación (*engagement*), 6) la calidad de la dirección y el tipo de liderazgo de la organización, 7) los medios materiales y equipos de que disponen, 8) el diseño de los productos o servicios, 9) la calidad de las materias primas utilizadas y 10) la calidad y estado de la maquinaria empleada.

En este último punto, diversos economistas coinciden en señalar que el desarrollo de la IA podría mejorar de manera significativa la productividad, favoreciendo así la economía de EUA en su conjunto para ver un nuevo auge en el ciclo de la productividad que no se presenta desde hace 20 años (ver gráfica siguiente).

EUA: productividad laboral
Crecimiento del promedio móvil trimestral

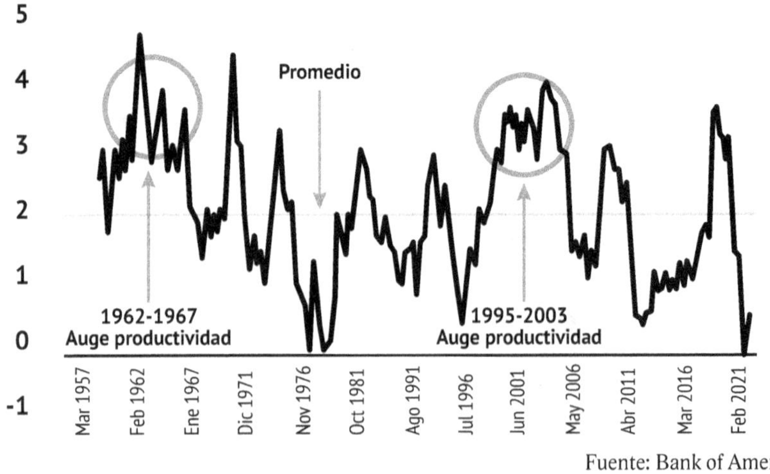

Fuente: Bank of America.

APENAS ESTÁ COMENZANDO

Lo que bien inicia, bien termina.

Dicho popular

El título de este capítulo pudo haber sido una adivinanza: ¿qué está comenzando apenas y durará muchos años? La respuesta ya la conoce: ¡la inteligencia artificial!

El miércoles 20 de marzo de 2024 terminó un evento de tres días organizado por Nvidia, la empresa que en ese momento era líder y monopolio en la producción de chips y procesadores para implementar funciones de inteligencia artificial en distintos campos. En el capítulo de «Las fases de la IA en el mercado accionario» hablé de ella como parte del grupo de «las siete magníficas», del avance de más de 260% (dólares) en sus acciones en poco más de un año y de un crecimiento anual de utilidades de casi 700% con motivo de «la explosión» en la demanda de sus productos.

En aquel evento se anunciaron nuevos productos y su fundador y director general, Jensen Huang, dijo en una entrevista posterior que las inversiones en computación de inteligencia artificial aún están en las primeras entradas. «Y estamos en el comienzo de la rampa de computación acelerada. Va a durar unos años».

LO IMPORTANTE DEL EVENTO

Nvidia presentó Blackwell, la nueva generación de sus chips gráficos de IA. Jensen hizo hincapié en la forma en que la IA puede permitir la innovación en una variedad de campos, incluidos la ciencia y la atención médica. Mencionó su capacidad de ayudar a «comprender el significado de las proteínas, el significado de la vida» de una manera que puede acelerar la investigación y el desarrollo de nuevos tratamientos. «Podríamos usar esa computadora para simular la vida de modo que no tengamos que hacer tantas pruebas en un laboratorio».

Jensen también habló sobre la variedad de sus clientes, diciendo que la tecnología de la compañía ha logrado acelerar significativamente el procesamiento de datos y reducir los costos. Las acciones de la empresa no avanzaron de manera destacada luego del evento, pero su contenido y mensaje favorecería y fortalecería al sector de tecnología en particular y a la economía en general. La siguiente gráfica indica el potencial que tendrá la IA en los próximos años según los especialistas.

Tamaño previsto de la IA en el mundo 2020-2030 (miles de millones de dólares)

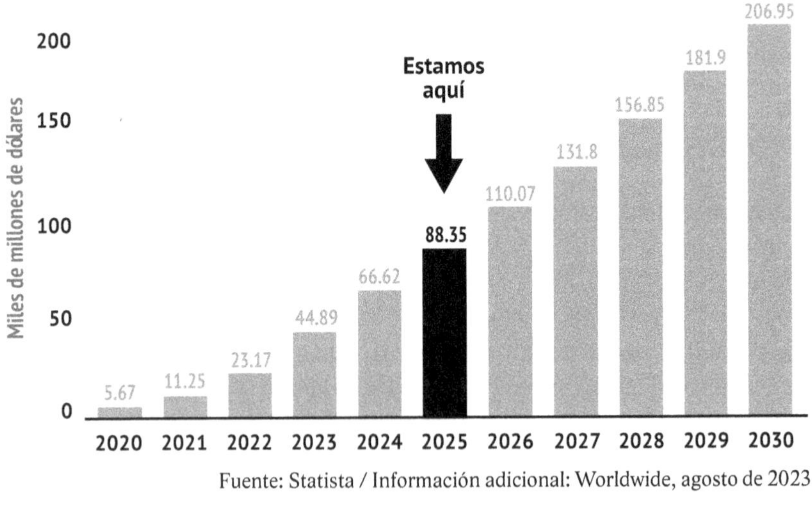

Fuente: Statista / Información adicional: Worldwide, agosto de 2023.

LA VIDA ANTES DE INTERNET

Internet es mucho más que una tecnología. Es un medio de comunicación, de interacción y de organización social.

Manuel Castells

Compartir experiencias con jóvenes siempre me ha parecido importante. Me imagino lo que hubiera sucedido si alguien en la universidad me o nos (a mi generación) hubiera platicado y animado a ser empresarios en Bolsa desde aquella época. Durante el desarrollo de este libro, acudí a una invitación de la Universidad Intercontinental (UIC) para dar una conferencia sobre ello. Con un tiempo limitado para poder exponer todo lo que quisiera y con un foro diverso en conocimiento y experiencias, la reflexión y el sentido común me ayudaron mucho a comunicar a los jóvenes las razones por las cuales ser dueño de grandes empresas protagonistas de los mayores avances en el tiempo ha resultado muy bueno en el proceso de construcción patrimonial.

Utilicé algunas imágenes y recuerdos para hacer notar a las nuevas generaciones cómo era la vida antes de internet, cómo es ahora y llevarlas a imaginar cómo será el futuro con el desarrollo de la IA, un futuro en el que los dueños (accionistas) de las empresas líderes volverán a ser los ganadores y en donde cualquier crisis volverá a ser superada con creces. Me pareció importante incluir en este capítulo algunos de estos recuerdos (omito las imágenes):

- Las llamadas telefónicas se hacían en lugares fijos en los que estaban conectados teléfonos de discos; teníamos que marcar cada número haciendo girar un disco con un dedo. Las llamadas de larga distancia se programaban y eran muy costosas.
- Las personas utilizaban cartas para comunicarse con familiares y amigos que vivían alejados. Las respuestas podían durar semanas o meses.
- Si necesitabas información o investigar para conocer algo nuevo, el único lugar al que podías asistir era una biblioteca o consultar una enciclopedia (compuesta por varios libros) que ocupaba un buen espacio en algún librero de casa. Las personas compraban las enciclopedias en abonos (pequeños pagos), pues resultaban muy caras.
- Los discos, casetes y después discos CD eran las maneras que teníamos para escuchar música. Tenías que acudir a tiendas especializadas para comprarlos. Para grabar tus canciones tardabas varias horas. Tenías que escuchar o avanzar varias canciones hasta llegar a la que querías grabar o escuchar.
- Para ver un programa de televisión existían horarios y días específicos. Tenías que esperar varios días para ver el siguiente episodio. No había control remoto, así que tenías que pararte para cambiar de canal de manera manual dando vuelta a una perilla hasta sintonizar los pocos canales que existían como opciones. Las imágenes solían distorsionarse y la manera de componerlas era moviendo una antena receptora que estaba encima del televisor.
- Para ver películas o usar videojuegos existían tiendas que las vendían o rentaban (Blockbuster). No había sistemas de *streaming* como Netflix. Las tiendas de videojuegos eran muy populares, había grandes consolas con distintos juegos.
- Para comprar un artículo tenías que ir de una tienda física a otra. No había Amazon ni envíos a domicilio. Tomaba mucho tiempo.
- Para hacer un viaje en carretera utilizabas mapas impresos. No había navegadores o GPS. Te perdías con facilidad. Si viajabas en avión, tenías que asistir a una agencia de viajes a comprar boletos y a que te asesoraran.
- Las familias y amigos se divertían con juegos de mesa, no existían videojuegos de acceso por la televisión.

- Las noticias se conocían a través de los periódicos o atendiendo programas especializados en la televisión con horarios establecidos. Conocer una noticia en tiempo real era imposible.
- Las fotografías se obtenían por cámaras con rollos que se revelaban en locales especializados y tardaban varios días. El número de fotografías en cada rollo era limitado, así que tenías que escoger con cuidado las fotos que tomarías y cuidar que el rollo no se velara. Las fotos se guardaban en álbumes. Las cámaras digitales aparecieron a finales de la década de los noventa.
- Los trabajos escritos y tareas en universidades se hacían en máquinas de escribir. Si había equivocaciones, se usaba una líquido blanco (corrector) para cubrir la falta y reescribir encima de la falla.

Durante la conferencia, más de un joven pensó que hablaba de la prehistoria, pero en realidad no hace mucho que esto sucedía y muchos de nosotros, estimado lector, fuimos actores y testigos. La evolución ahora es más rápida. ¡Todo preparado para el despegue y aprovechamiento de la inteligencia artificial! Como usuario, pero también como dueño de las empresas protagonistas.

PARTE 4

EL CONOCIMIENTO ES PODER... SOLO SI LO EJECUTAMOS

¿INVERSIONISTA POR CORRESPONDENCIA?

La práctica es un maestro excepcional.

Plinio el Joven

Desde una edad temprana, mis papás me inculcaron la práctica del deporte. Después de intentos fallidos en el futbol, el beisbol y el karate, encontré en el basquetbol una enorme pasión. Luego de muchos años, transité al triatlón. Me mantengo activo en este último y de vez en vez me permito una «cascarita» de básquet con mis hijos.

En mis años de mayor intensidad en dicho deporte, entrenábamos cuatro horas diarias en la universidad. La práctica constante y ardua nos ayudaba a desarrollar habilidades cuyos resultados sucedían en diferentes torneos. Cada año, se abría la posibilidad de reclutar nuevos jugadores. Durante dos semanas venían nuevos candidatos que debían demostrar que tenían lo necesario para quedarse en el equipo. Confieso hoy, con algo de pena, que éramos poco respetuosos con algunos compañeros nuevos. Cuando alguno cometía errores regulares o mostraban menos habilidades, el comentario recurrente era: «Aprendiste a jugar por correspondencia, ¿verdad?».

En el fondo, la expresión decía mucho. Cuando alguien quiere aprender algo nunca es suficiente la teoría. La práctica permanente, pero sobre todo el aprendizaje a través de errores y aciertos, termina por generar buenos resultados con el tiempo. Imagine a alguien aprendiendo a jugar basquetbol recibiendo cursos por correo.

A mis alumnos en la universidad les pregunto siempre sobre algún pasatiempo o actividad que lleven a cabo y disfruten. Aparecen quienes bailan o cocinan, ciclistas, nadadores, viajeros, etc. En todos los casos, lo aprendieron y lo han hecho mejor a través de la práctica. La inversión bursátil no es distinta, no se puede invertir simplemente leyendo o estudiando, se tiene que aprender a invertir invirtiendo.

EL CONOCIMIENTO ES PODER... SOLO SI LO EJECUTAMOS

Si hiciéramos todas las cosas de las que somos capaces,
literalmente nos asombraríamos.

Thomas Alva Edison

Steven Pressfield, autor del libro *La guerra del arte*, señala que la mayoría de nosotros tenemos dos vidas: la que vivimos y la que seríamos capaces de vivir. Aquella que soñamos y nos gustaría tener, considerada óptima y que parece sensacional, pero, ¿cómo la logramos?

Para ello, partamos de la cita «el conocimiento es poder», la cual es completamente cierta, pero para que se cumpla hay una condición, a saber: ¡debemos usar o ejecutar el conocimiento! Aunque parece obvio, no lo es.

Aquí tiene una prueba: 65% de la población en EUA sufre de sobrepeso. ¿Cree usted que existe algún secreto para perder peso o tener mejor condición física? La industria de las dietas y la salud es de las más grandes en EUA (se calcula en un valor de 60,000 millones de dólares). Cada año, se publican miles de libros con recetas y ejercicios, muchísimas personas con sobrepeso lo saben, por lo tanto, ¡el problema no es la falta de conocimiento, sino la falta de ejecución!

NO ES HACER MÁS, SINO HACERLO MEJOR

Existe una buena cantidad de estudios que demuestran cómo las personas logran mejores resultados en diversas disciplinas no necesariamente aprendiendo o haciendo cosas nuevas, sino simplemente haciendo mejor lo que ya saben hacer. De nuevo, el problema no es conocer o saber más, sino implementar (ejecutar) lo que se sabe y hacerlo de la mejor manera.

La reflexión anterior está completamente relacionada con nuestra condición de inversionistas (empresario en Bolsa). He compartido mucha información valiosa a través de notas diarias, libros, artículos de revistas, conferencias y aulas universitarias en los últimos años que, se lo aseguro, permiten un conocimiento apropiado sobre la inversión en el mercado accionario.

Hoy, muchos de los receptores de dicha información saben ahora que invertir en el mercado accionario:

1. No es un casino.
2. No es un medio para especular.
3. Es una forma diferente de ser empresario.
4. La selección de empresas atiende a que sean extraordinarias y con un valor atractivo.
5. Ser una empresa extraordinaria representa: tener una buena perspectiva de crecimiento a futuro, ser rentable, ser líder del sector, no tener una deuda alta, pagar dividendos preferentemente y contar con una buena administración.
6. Un valor atractivo significa que el valor presente de su generación libre de flujos de efectivo equivalga a por lo menos 20% más del precio que se paga en el mercado (precio objetivo)
7. Es la alternativa de inversión que más ha contribuido a construir patrimonios
8. Se desarrolla a través de ciclos, en donde los de baja existen, pero los de alza son más largos y fuertes
9. La disciplina y la paciencia son elementos básicos.

Muchos de nuestros socios en el Fondo SNX han vivido ya la peor parte de un ciclo de baja en el mercado (2022). La experiencia y conocimiento que ahora tienen es valiosísima. Servirá tanto como saber que un ciclo de alza próximo es inevitable.

Aquí está el conocimiento, ahora vamos a aprovecharlo. El proyecto de construcción patrimonial a través de la inversión bursátil continúa y es más fuerte que nunca.

¿BUSCANDO SUERTE?

La inversión en el mercado bursátil ha sido vista en México por muchos y por mucho tiempo como un tema de «suerte». Para quienes nos desarrollamos profesionalmente en este medio y dedicamos una gran parte de nuestra vida a estudiar, investigar y analizar el mercado accionario, esa expresión resulta «incómoda».

Si yo validara que es suerte, no pasaría tantas horas en esto. No obstante, lo que enunció sobre este concepto el destacado filósofo e intelectual romano Lucio Anneo Séneca, alivia su enfoque: «La suerte es cuando la preparación coincide con la oportunidad». ¡Y se ejecuta!

EJECUCIÓN DE PROYECTOS Y LA CONEXIÓN EMOCIONAL

La gente no tiene paciencia para enriquecerse lentamente,
por eso decide arruinarse rápidamente.

Peter Lynch

Siguiendo con la idea del apartado anterior, habría que decir que una ejecución efectiva no es complicada, pero no necesariamente es fácil. Muchas personas y empresas fallan al ejecutar proyectos, pues muchos de ellos requieren tomar acciones que nos mueven de una zona de confort. Cuando una ejecución implica «sacrificios» o esfuerzos de corto plazo, dicha incomodidad puede parecer mayor a los beneficios que se obtendrán a largo plazo.

LOS DOS PLANOS DE UN PROYECTO

Todo esto suena completamente teórico y decirlo es más fácil que hacerlo... ¡pero es cierto! Decía el filósofo chino Confucio: «Si ya sabes qué hacer y no lo haces, entonces estás peor que cuando no sabías lo que tenías que hacer». Así, lo que debemos saber es que la visión o el propósito que establecemos como individuos en un concepto amplio (balance de vida) se crea en dos planos: el primero es la mente y el segundo es su ejecución.

Los investigadores en el tema afirman que la barrera más grande para lograr los máximos resultados proviene de la «creación mental». Uno debe tener claridad en lo que desea. Sin embargo, la mayoría de las personas se enfocan en parcialidades, por ejemplo, en el desarrollo profesional. Esto no es malo, pero es solo una parte de la vida. En realidad, la visión de vida en un contexto más amplio posibilita la razón para el enfoque en el desarrollo profesional.

Por eso, el motor más importante para nosotros como inversionistas y empresarios en Bolsa no debe ser el resultado de nuestras inversiones en algunos meses, sino lo que podemos hacer de nuestra vida logrando tener mayor estabilidad económica y patrimonial a mayor plazo.

Es ese proyecto integral a mayor plazo, la razón de nuestras acciones diarias. Se trata de estar convencidos (tener la visión) de que el futuro será más grande que el presente; es una conexión emocional completa y permanente (optimista) la que nos ayuda a esa disciplina y paciencia que es tan importante en nuestra condición de empresarios en Bolsa.

NO OLVIDEMOS

¿Y cuál es la razón de este capítulo? Tiene una conexión completa con cualquier contexto, y quizá de manera más importante cuando se llegue a presentar un ciclo de baja (como los de 2008 y 2022).

Como comentamos, un ciclo de baja estadísticamente tiene una duración promedio de poco más de un año. Un año es un «suspiro» en la vida de un inversionista (¡no es nada!). La minusvalía promedio de 25% a 30% que se observa en un ciclo de baja no detiene (interrumpe) en absoluto el proyecto a mayor plazo (recuerde las primeras gráficas en los primeros capítulos validando tendencias alcistas a mayor plazo en toda la historia y a prueba de cualquier crisis).

Como empresario en Bolsa, vivirá en algún momento épocas de volatilidad y bajas, pero le garantizo que usted está construyendo un gran futuro. Esos tropiezos son parte de nuestra condición como inversionistas y serán superados como ha sucedido siempre.

Recuerde cuáles fueron las razones por las que decidió ser empresario en Bolsa. ¿Han cambiado? Tenga muy claro que usted es dueño de algunas de las empresas líderes más importantes del mundo, cuya construcción de valor continúa y que será reconocido más adelante.

Usted no ha perdido nada mientras no haya decidido dejar de ser empresario en Bolsa. Sigue siendo dueño de grandes empresas cuyo precio (¡no valor!) es castigado temporalmente y muchas veces de manera irracional, pero solo para regresar a nuevos máximos más adelante. Además, una correcta diversificación en empresas y sectores le ayuda a disminuir riesgos.

Su objetivo no es solamente tener más dinero en el futuro, sino gozar de un mejor balance de vida, ese que es muy personal para cada uno de nosotros y se traduce en buenos momentos y grandes recuerdos. Al final, esto es lo único que nos vamos a llevar.

DISCIPLINA: EL CORAZÓN DE LA EJECUCIÓN

En Dios confiamos, todo lo demás debe ser medido.

Edwards Deming

Brian P. Morgan, autor del libro *The 12 Weeks Year* (*El año de 12 semanas*), nos cuestiona si alguna vez nos hemos preguntado por qué los deportes son tan motivantes. Lo son no solo para los jugadores, sino también para los espectadores.

Una de las razones por las cuales el deporte es tan estimulante es por el marcador. Este es el corazón de las competencias. En otras disciplinas, llevamos a cabo mediciones y estadísticas para evaluar resultados, identificar logros y fracasos.

En los años sesenta, Frederick Herzberg, un psicólogo industrial, llevó a cabo extensas investigaciones para identificar los principales motivadores de una persona en su trabajo. Concluyó que eran dos: logros y reconocimientos. La única manera de identificar los logros es a través de medidas.

¿EN QUÉ SÍ PODEMOS INCIDIR?

Existen algunas áreas como la inversión, en donde el resultado de una decisión desde el punto de vista de rendimiento, sobre todo en plazos relativamente cortos, depende de muchos factores exógenos en los que no podemos incidir. No obstante, la historia demuestra que, a plazos mayores, en el caso del mercado accionario, los procesos correctos de selección y diversificación de emisoras producen muy buenos resultados. Esto lo comentamos también en el capítulo «Optimismo racional».

Eso significa que, para efectos de una inversión en Bolsa, los indicadores más importantes que se deben atender son aquellos relacionados con la ejecución, es decir, con los procesos de selección y diversificación de empresas y sectores, puesto que a mayor plazo son los que se traducirán en beneficios patrimoniales (económicos). Al final, es necesario entender que podemos y debemos tener mayor control sobre nuestras decisiones (ejecuciones) que sobre el resultado mismo. Nadie puede anticipar una guerra, una huelga, una pandemia o un resultado electoral.

La falla en el contenido de un plan ocurre cuando las estrategias y tácticas no son efectivas. A su vez, la falla en su ejecución ocurre cuando fracasa su implementación, es decir, cuando no hay disciplina. Mas de 60% de estas fallas suceden en el proceso de su ejecución, pero las personas asumen que el error está en el contenido del plan, y lo abandonan (en el caso del mercado accionario, venden sus acciones).

La siguiente tabla recuerda los cuatro ingredientes de «éxito» para la inversión bursátil que concebimos en SNX. Sí, muy pocos estrategas hablan de estos temas, pero resultan de los más importantes en la correcta formación de un inversionista (empresario en Bolsa).

Ingredientes para el «éxito» en la inversión bursátil

CAPACIDADES BÁSICAS		SENTIDO COMÚN		TEMPERAMENTO		
Conocimiento básico ✔ Acorde con interés ✔ Congruente con producción	+	**Método** ✔ Sencillo ✔ Integral (C4) ✔ Enfocado al riesgo	+	**Disciplina** del cliente	+	**Paciencia** Plazo mayor a tres años

Fuente: SNX.

VIVIENDO LA TEORÍA DE LA REUNIÓN

La clave para ganar dinero con las acciones es no tenerles miedo.

Peter Lynch

En el libro *Además soy empresario en Bolsa* de nuestra Biblioteca SXN-Actinver compartí con mayor detalle la llamada «teoría de la reunión» del reconocido y exitoso estratega Peter Lynch, cuyas principales virtudes son, en mi opinión, sentido común y entendimiento del largo plazo.

Peter Lynch describe el contexto de una misma reunión en distintos momentos para explicar los ciclos de mercado y las «señales» que hay que atender. A manera de resumen, Lynch explica el desarrollo de una reunión a la que acuden como invitados un experto en inversiones y un dentista, entre otros. Cuando el segundo capta la mayor atención de la reunión, es porque el ciclo del mercado está a la baja: a nadie le interesan las acciones, pero es cuando suceden las mejores oportunidades.

En reuniones posteriores con las mismas personas, el interés se dirige cada vez más al experto en inversiones. Llega a un grado donde el propio dentista le da recomendaciones sobre qué comprar y vender. Significa que el ciclo llegó a un nivel alto.

MIS REUNIONES

Hacia finales de 2022, recibimos en casa a un grupo de buenos amigos (todos vecinos) con los que cada año nos juntamos en estas fechas. El anfitrión se rota desde hace diez años y la pasamos muy bien. Nuestra reunión era esperada, pues con la pandemia había pasado tiempo sin que nos encontráramos y había mucho de qué platicar.

El perfil profesional de cada uno de nosotros es diverso. Uno de ellos (guardo anonimato) es un productor muy reconocido en el medio de la televisión y nos comentó que estaba muy involucrado con el evento del Teletón que se celebraba en esos días. El tema captó el interés de la mayoría (¿cuándo es?, ¿cuánto va a durar?, ¿quiénes lo van a conducir?, ¿cuánto cuesta?, etc.). Fue brevemente interrumpido por algunos comentarios sobre los resultados del Mundial de futbol y para disfrutar las tortas de bacalao que Marthita, mi esposa, preparó.

En ese momento, Peter Lynch se me «apareció». Recordé su famosa «teoría de la reunión», pues en la última que tuvimos con vecinos mi buen amigo productor me había sugerido comprar algunas acciones para el Fondo SNX, al tiempo que la mayoría de ellos me pidieron algunos libros que he publicado sobre la inversión bursátil.

El 2022 fue un año difícil, así son los ciclos de baja. Y aunque la volatilidad continuó por unos meses, volvió a ser momento de grandes oportunidades para quienes somos congruentes al atender plazos mayores (disciplina y paciencia) y podemos poner atención en señales menos técnicas y sofisticadas.

Preparé y distribuí una nota sobre dicho suceso en la segunda quincena de enero de 2023, cuando la mayoría de mis lectores (socios del Fondo SNX, quienes nos autonombramos Comunidad SNX) estaban de vacaciones. Pero, en una reunión posterior con otro grupo de amigos, la plática se centró en las canciones de «venganza» de la cantante Shakira contra su exmarido Gerard Piqué. Una vez más, Lynch me «susurró» la señal de estas reuniones. Decidí lanzar un anzuelo hablando un poco de oportunidades del mercado, pero la atención seguía en la canción «Bzrp» de Shakira. Meses más tarde, la Bolsa estadounidense repuntaba de manera importante. El 19 de enero de 2024, el mercado accionario en EUA (S&P

500) marcó, luego de dos años, un nuevo nivel máximo histórico y desde entonces lo hizo en 22 ocasiones hasta principios de abril de 2024.

Le recomiendo atienda sus próximas reuniones y se deje acompañar siempre por el maestro Peter Lynch.

CUANTIFICANDO LA VENTA DE PÁNICO

El pánico es más contagioso que la peste y se comunica en un instante.

Nikolái Gógol

El botón más fácil de presionar en el mundo bursátil tiene la etiqueta de «Vender». Aparenta ser un alivio para la angustia emocional, especialmente cuando se enfrenta a mercados volátiles e inciertos. Las ventas de pánico pueden aliviar su malestar estomacal o ayudarlo a dormir mejor, pero causan estragos en la conformación de patrimonios a mayor plazo.Mi experiencia al respecto proviene de la convivencia con muchos asesores y clientes durante distintos ciclos de baja (como en los atentados a las torres gemelas de Nueva York el 11 de septiembre de 2001, la crisis financiera de 2008, el estallido de la «burbuja puntocom» de 2000, las ventas por la pandemia de 2020 y las ventas por el inicio del ciclo de alzas de tasas de interés en EUA en 2022). Más allá de lo observado y concluido por su servidor, existe un estudio muy bien documentado que analizó el tema de los inversionistas asustados titulado «¿Cuándo se asustan los inversores? Predicciones de aprendizaje automático de ventas de pánico».

LOS QUE MÁS SE ASUSTAN

El estudio mencionado se basó en la actividad financiera de 653,455 cuentas anónimas correspondientes a 298,556 hogares de una de las casas de Bolsa más grandes de los EUA. Un hallazgo clave del estudio fue el siguiente: «Los inversionistas que son hombres, o mayores de 45 años, o casados, o tienen más dependientes, o que se identifican a sí mismos como personas con excelente experiencia o conocimiento en inversiones, tienden a asustarse con mayor frecuencia».

Sabiendo lo anterior, desde la perspectiva de un asesor, la cuestión más importante es saber qué hicieron posteriormente los inversionistas que abandonaron sus carteras de acciones por el pánico. Esto es lo que se encontró y es la conclusión más importante de esta investigación:

UN TERCIO DE LOS QUE VENDEN NUNCA VUELVEN

La investigación descubrió que 30.9% de los inversionistas que vendieron por pánico nunca volvieron a reinvertir en acciones (a ser dueños de empresas a través de esta alternativa). Piense en el impacto de este asombroso dato: casi un tercio de los participantes en Bolsa que entran en pánico y venden nunca vuelven a comprar acciones. Lo que yo he visto es que muchos vendedores de pánico que regresan recompran acciones a precios más altos de los que vendieron y, a menudo, más tarde en la recuperación, cuando el flujo de noticias ha mejorado (y confirmado por el estudio).

Los mercados tienden a tocar fondo cuando los titulares son horribles, lo que lleva a la llamada «capitulación» (el momento en que muchos inversionistas se rinden y deciden salir del mercado, provocando mayores salidas por el fuerte volumen de venta, pues muchos otros coinciden con la decisión por pánico).

No puedo recordar cuántas veces escuché algo como esto: «Me salí del mercado en 2008, pero cuando insistías en la oportunidad que se estaba presentando, no lo hice. ¡No sabes lo arrepentido que estoy!». Recibí llamadas, correos electrónicos y comentarios como ese en 2010 y continuaron durante el 2011, 2012, 2013, 2014 e, incluso, en 2015.

Vender es fácil, volver a entrar es difícil. No volver a entrar es carísimo y tristísimo, pues se abandona por completo la fórmula más exitosa para construir patrimonios a mayor plazo. Un punto más a favor de los optimistas.

SEGUNDO NIVEL DE PENSAMIENTO

Si no tienes una ventaja competitiva, no compitas.

Jack Welch

Otra manera de contener el pánico o temor que lleva a decisiones precipitadas y muchas veces costosas en el ámbito bursátil es justamente no actuar respondiendo a nuestro primer pensamiento o idea. Siempre tenga presente que el contexto de la inversión no es controlable, las circunstancias raramente se repiten de manera exacta, la psicología juega un papel primordial en los mercados y las relaciones causa-efecto no son del todo confiables. Por ello, participar en Bolsa con una estrategia de empresario resulta sumamente útil, ya que nos permite enfocarnos y entender mejor la estrategia que llevamos a cabo.

Un inversionista exitoso requiere desarrollar lo que Howard Marks llama el «segundo nivel de pensamiento» en su libro *The Most Important Thing* (*Lo más importante*). Marks recomienda trabajar en aspectos diferenciadores que el promedio de los inversionistas no tiene o desarrolla. Entre estos elementos están reaccionar de manera diferente, comportarse de manera diferente y ¡pensar de manera diferente! Esta es la esencia del empresario en Bolsa.

El pensamiento de primer nivel es simplista, superficial y casi todos pueden hacerlo. Todo lo que necesita el pensador de primer nivel es una opinión sobre el futuro como «las perspectivas para la empresa son favorables, lo que significa que las acciones subirán». El pensamiento de segundo nivel es profundo, complejo y analítico: el pensador de este nivel tiene en cuenta muchas otras cosas. Al final de este capítulo, encontrará una tabla que compara pensamientos en el contexto actual.

Aunque siempre es bueno un segundo nivel de pensamiento, este hábito resulta especialmente útil en épocas de ciclo de baja de los mercados. El siguiente cuadro ejemplifica el segundo nivel de pensamiento; lo publiqué a finales de 2020, año en que la pandemia generó muchas decisiones precipitadas. Tres años después, al momento de escribir este libro, los precios de las acciones que caían en ese entonces estaban casi todos nuevamente en máximos históricos. Al revisar este texto previo a su edición al inicio de marzo del 2025, un nuevo capítulo de incertidumbre relacionado con la imposición de aranceles por parte el presidente Donald Trump en su segundo mandato —la cual amenazaba con una guerra comercial mundial, mayor inflación y contracción económica— generaba una nueva baja en el precio de las acciones. Le aseguro que nuevamente será una baja temporal.

Insisto: no se trata de generar en usted un optimismo absurdo, peligroso o ilógico. Se trata fortalecer su carácter como empresario en Bolsa a través de información que muchos participantes desconocen.

Argumentos en los dos niveles de pensamiento

PRIMER NIVEL DE PENSAMIENTO	SEGUNDO NIVEL DE PENSAMIENTO
«El mercado enfrenta muchos retos, ¡vendamos!»	«Gran parte de los desafíos se han anticipado en exceso y ofrecen oportunidad, ¡compremos!»
«La inflación es muy alta, van a subir las tasas de interés, ¡vendamos!»	«La inflación cederá, pues difícilmente los factores que influyeron el año pasado se repetirán. Aunque la tasa suba, seguirá siendo históricamente baja, ¡compremos!»
«Con una tasa más alta, las valuaciones por DCF a valor presente disminuyen, ¡vendamos!»	«La inflación también favorece las utilidades. Aunque la valuación disminuye, el valor implícito sigue siendo muy atractivo, ¡compremos!»
«El crecimiento de las empresas será menor, ¡vendamos!»	«Las utilidades de la empresa caerán, pero la caída será menor de lo que la mayoría espera y eso agradará al mercado, ¡compremos!»
«Enero del 2023 fue el segundo enero con mayor caída desde 2008, ¡vendamos!»	«EUA no está en recesión. La caída en precios es exagerada para la realidad económica, ¡compremos!»
«El desabasto por el problema de la cadena de suministro continúa, ¡vendamos!»	«El problema de la cadena global de suministro se resolverá paulatinamente en los próximos meses, ¡compremos!»

Fuente: SNX.

EL EFECTO COBRA

Hay tres clases de desconocimiento: no saber lo que se debe,
saber mal lo que se sabe y no saber lo que se debería.

François de La Rochefoucauld

Comentar sobre el segundo nivel de pensamiento para evitar decisiones equivocadas invita también a conocer el llamado «efecto cobra».

El término proviene de una anécdota en los tiempos de la dominación británica en la India colonial. El gobierno británico estaba preocupado por el número elevado de cobras venenosas en Delhi. Por lo tanto, ofreció una recompensa por cada cobra muerta. Inicialmente fue una estrategia exitosa y un gran número de serpientes fueron muertas para obtener la recompensa. Sin embargo, personas «emprendedoras» comenzaron a criar cobras, las mataban y luego cobraban. Cuando el gobierno se percató de esto, el programa de recompensas fue cancelado, causando que los criadores las liberaran, al no tener ya valor alguno. Como resultado, la población de cobras salvajes aumentó nuevamente. La aparente solución al problema lo hizo aún peor.

Un incidente similar ocurrió en Hanói, Vietnam, bajo el gobierno colonial francés. Este creó un programa que pagaba por cada rata muerta. Para cobrar, las personas debían proporcionar la cola de la rata. Los funcionarios coloniales comenzaron a notar que las ratas en Hanói no tenían colas. Los cazadores de ratas vietnamitas las capturaban, les cortaban la cola y luego las dejaban en libertad en las alcantarillas para que pudieran procrear más, lo que aumentaba sus ingresos.

EN LA CREACIÓN DE PATRIMONIOS

Aunque el término se aplica a las actividades económicas y políticas de un país, seguramente usted conoce varios casos similares entre individuos donde, al tratar de resolver un problema, la decisión complica aún más la situación.

En el proceso de creación de patrimonios, esta situación es recurrente: 1) concentrar inversiones buscando ganar más con las supuestas «ganadoras» de moda; 2) atender sugerencias de familiares o amigos no expertos que, aunque bien intencionados, no cuentan con la experiencia necesaria; 3) intentar abrir un negocio propio sin la experiencia y conocimiento adecuado. Muy pocas empresas saben hacer y ejecutar un buen plan de negocios (en México, por ejemplo, dos de cada diez empresas nuevas sobreviven el primer año), y 4) ahorrar de la manera tradicional, sin conocer los verdaderos niveles de inflación personal o familiar. Estos son, repito, solo algunos ejemplos del efecto en las inversiones.

La creación del patrimonio es tan importante como la conservación del mismo en épocas complicadas. Las decisiones precipitadas y el «efecto cobra» son más recurrentes en ciclos de mercados a la baja o en periodos de caída dentro de ciclos alcistas. ¡Cuidado!

SOBRE LAS BASES Y LA OPORTUNIDAD

Estar preparado es importante, saber esperar lo es aún más, pero aprovechar el momento adecuado es la clave de la vida.

Arthur Schnitzler

El sentido común (que tanto insisto en utilizar) evidencia el hecho de que, justo después de las grandes caídas de precios de acciones, siguen los grandes regresos (alzas). Y es que más allá de las medidas que toman los gobiernos para ayudar (estimular) a las economías cuando las crisis financieras provocan caídas de acciones, estas en sí construyen «bases» muy atractivas para lograr fuertes ganancias.

¿POR QUÉ LOS REGRESOS SON FUERTES?

La siguiente gráfica explica este efecto de bases. Lo hago de manera un tanto exagerada, con el objeto de evidenciar de manera más clara su impacto: 1) suponga usted el precio de una acción que cayó en un periodo determinado de $100 a $10. Esto representa una minusvalía del 90%; 2) a partir de ese momento, las cosas comienzan a mejorar y el precio se recupera marginalmente $10. Es decir, sube de $10 a $20. Con una base (precio) tan baja de $10, el aumento de $10 representa un 100% (las personas que compraron a $10 tienen una plusvalía de 100%, aunque la persona que venía de comprar en $100 sigue con una minusvalía del

80%); 3) la empresa sigue subiendo y llega a $70. El aumento desde $20 a $70 significó una ganancia de 150% (aunque desde $100 sigue habiendo una minusvalía de 30%); 4) la recuperación de los dos movimientos anteriores, es decir, de $10 a $70, representa una plusvalía del 700% (aunque sigue estando 30% por debajo de los $100).

Por esta razón, los regresos son tan fuertes, porque el punto de partida para determinar su avance proviene de un precio muy castigado (muy abajo), y por ello se da la oportunidad de aumentar exposiciones (comprar más acciones) o de comprar por primera vez.

NO ES LO MISMO

Este ejemplo de bases sirve también para advertir la diferencia entre movimientos porcentuales y movimientos absolutos o económicos. Para muchos puede resultar evidente, sin embargo, he visto a tantos caer en este error que asumo el riesgo de repetir algo muy simple.

Imagine de nuevo que usted compró una acción en $100 y disminuye su precio a $50. Porcentualmente usted tiene una minusvalía del 50%. Si en ese momento la acción sube 100%, el precio en realidad regresaría a niveles de $75 (el 50% de $50 es $25). Muchas personas, al escuchar que tuvieron una minusvalía de 50% seguida de una plusvalía de 50%, suponen que ya regresó su inversión al nivel inicial («tablas»). En este caso, económicamente usted está todavía $25 por abajo del precio inicial de $100. ¿Se da cuenta? ¡Mucha atención con el efecto de bases!

Efecto de bases

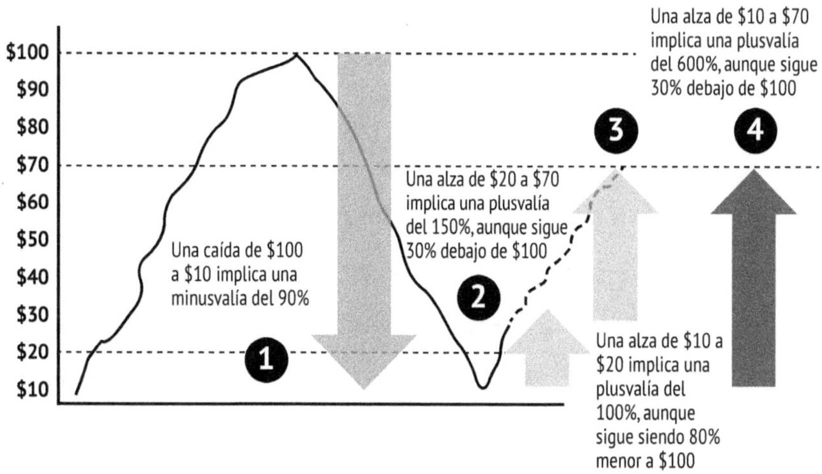

Fuente: SNX.

EL RIESGO DE ADIVINAR

La vida es 10% lo que experimentas y 90% cómo respondes a ello.

Dorothy M. Neddermeyer

Existen participantes que constantemente evalúan estrategias de «entrada y salida» (*timing*) buscando optimizar resultados. Sin embargo, saber cuándo invertir no es tan importante como cuánto tiempo permanece invertido.

Al intentar peligrosamente «adivinar» momentos precisos, muchos participantes buscan no estar en mínimos y retirar dinero en máximos. Pero nadie puede predecir cuándo ocurrirán. La preocupación que justifica salir del mercado también asegura perder la recuperación.

Históricamente, cada recesión es seguida por una fuerte recuperación (lo mencionábamos también en el capítulo anterior cuando hablábamos del efecto de las bases). La siguiente gráfica indica el resultado del ejercicio hipotético que asume una inversión inicial de 1,000 dólares por diez años en el mercado accionario de EUA (S&P 500), y compara los resultados permaneciendo invertido siempre vs. resultados, en donde, por entrar y salir, se pierden los mejores días.

Durante toda su historia, el índice S&P 500 ha subido y bajado cada año. Pero en los últimos 91 años, solo 27% de esos periodos tuvieron resultados negativos.

Como podrá ver en el cuadro de la página 220, las participantes que están un año conviven con movimientos de baja con más frecuencia que los que nos

S&P 500: efecto de rendimientos históricos sin mejores días

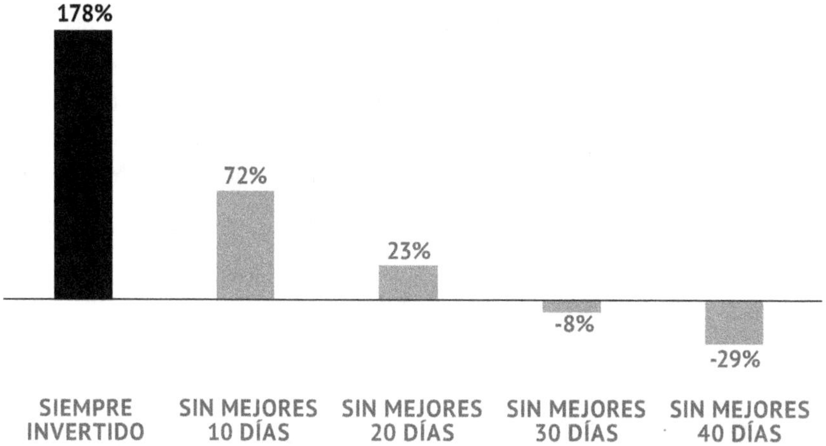

Fuente: SNX/Bloomberg.

mantenemos por periodos más largos. Si esos inversionistas a corto plazo (un año) hubieran permanecido solo dos años más (tres años), habrían experimentado casi la mitad de los periodos negativos. Y cuanto más tiempo continúen con su inversión, mayores serán las posibilidades de un resultado positivo.

De hecho, durante los últimos 91 años hasta 2018, 94% de los periodos de diez años han sido positivos. Los inversores que han permanecido en el mercado durante periodos ocasionales (e inevitables) de caída de los precios de las acciones, históricamente han sido recompensados por su perspectiva a largo plazo. ¡Por eso la invitación permanente a ser y actuar como un verdadero empresario en Bolsa! Y, por supuesto, a ser optimista.

Las últimas décadas han sido «inquietantes» para muchos inversionistas. La recesión de 2008-2009 y la caída de 2022 hicieron que muchos participantes tuvieran tanto miedo que dejaron de invertir o, incluso, retiraron su dinero en los mínimos del mercado, asegurando así las pérdidas.

Es posible que hayan pensado que quedarse afuera por un tiempo parecía una buena estrategia. Pero el tiempo se ha encargado siempre de demostrar que tratar de evitar las peores caídas significa también perder la oportunidad de obtener ganancias (y con frecuencia los inversores salen demasiado tarde para evitar lo peor de la caída).

Por supuesto, los inversionistas también podrían abandonar el mercado y perderse los peores días. Sin embargo, los estudios muestran que las personas generalmente dejan de invertir cuando el mercado está a la baja, tras una época especialmente difícil, y regresan después, cuando el mercado lleva ya tiempo recuperándose. En lugar de intentar predecir altibajos, es importante mantener la inversión durante un ciclo de mercado completo. Concéntrese en el tiempo que permanece su inversión, no en el momento de sus inversiones.

Relación de periodos positivos y negativos en el S&P 500 a distintos plazos

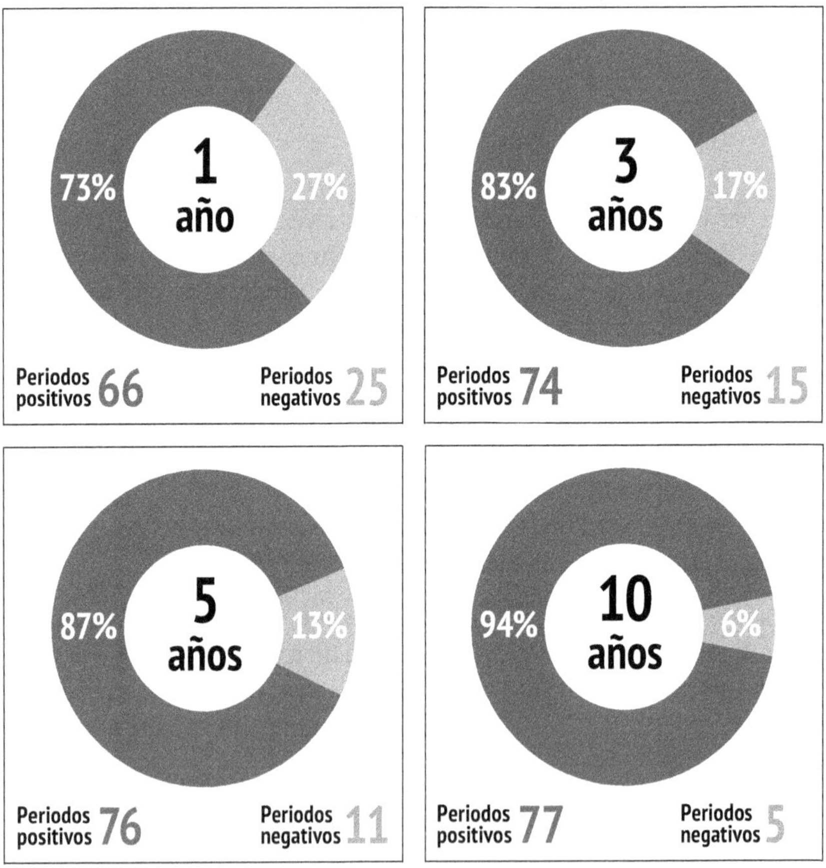

Fuente: Thompson Reuters / S&P 500 Index.

DE LIBROS Y LECTORES

André Gide, escritor francés y ganador del Premio Nobel de Literatura en 1947, dijo: «Ante ciertos libros, uno se pregunta: ¿quiénes los leerán? Y ante ciertas personas, uno se pregunta: ¿qué leerán? Y al final, los libros y las personas se encuentran».

Así que, si usted tiene este libro, es porque era para usted y porque estoy seguro de que tenemos varios aspectos en común. El más importante: ¡ser optimista!

¡Muchas gracias y hasta pronto!

Carlos Ponce Bustos

AGRADECIMIENTO ESPECIAL

La gratitud en silencio no sirve de nada.

Anónimo

La edición y publicación final del este libro tomó muchos más meses que mis libros anteriores por diversas razones. No recordaba ya el tiempo y trabajo que requieren su revisión, las correcciones, la reedición de tablas y gráficas. El ir y venir de propuestas y comentarios. Todo ello se complica aún más cuando se combinan otras actividades personales, profesionales y recreativas (vacaciones).

En este proceso, me resultó más evidente la importancia absoluta de mi editor. No podría terminar el libro sin un agradecimiento especial a Claudia Herrán por todo el tiempo, paciencia, entusiasmo y OPTIMISMO que dedicó al libro, y también a mi querida «cómplice» y amiga, Ada Laura Luna, directora general de LID México, a quien conocí hace ya más de 16 años y quien me ha acompañado e impulsado a seguir haciendo crecer nuestra Biblioteca Actinver SNX.

¡Muchas gracias, Ada y Claudia!

32 años

nos queda mucho por hacer

LID

- 1993 Madrid
- 2008 Ciudad de México
- 2010 Londres
- 2011 Buenos Aires
- 2012 Bogotá
- 2014 Shanghái

Esta obra se terminó de imprimir en mayo de 2025
en los talleres de Litográfica Ingramex, S.A. de C.V.
Centeno 162-1, Col. Granjas Esmeralda,
Alcaldía Iztapalapa, C.P. 09810, Ciudad de México

www.ingramcontent.com/pod-product-compliance
Lightning Source LLC
La Vergne TN
LVHW010919051026
849532LV00003B/758